Descobrir Jogos Online Grátis

Disponível Aqui:

BestActivityBooks.com/FREEGAMES

5 DICAS PARA COMEÇAR

1) CÓMO RESOLVER LAS SOPA DE LETRAS

Os puzzles têm um formato clássico:

- As palavras estão escondidas sem espaços ou hífenes,...
- Orientação: As palavras podem ser escritas para a frente, para trás, para cima, para baixo ou na diagonal (podem ser invertidas).
- As palavras podem sobrepor-se ou intersectar-se.

2) APRENDIZAGEM ACTIVA

Ao lado de cada palavra há um espaço para anotar a tradução. Para encorajar a aprendizagem activa, um **DICIONÁRIO** no final desta edição permitir-lhe-á verificar e expandir os seus conhecimentos. Procure e anote as traduções, encontre-as no puzzle e adicione-as ao seu vocabulário!

3) MARCAR AS PALAVRAS

Pode inventar o seu próprio sistema de marcação - talvez já use um? Pode também, por exemplo, marcar palavras difíceis de encontrar com uma cruz, palavras favoritas com uma estrela, palavras novas com um triângulo, palavras raras com um diamante, e assim por diante.

4) ESTRUTURANDO A APRENDIZAGEM

Esta edição oferece um **CADERNO DE NOTAS** prático no final do livro. Nas férias, em viagem ou em casa, pode facilmente organizar os seus novos conhecimentos sem a necessidade de um segundo caderno!

5) JÁ TERMINOU TODAS AS GRELHAS?

Nas últimas páginas deste livro, na secção **DESAFIO FINAL**, encontrará um jogo gratuito!

Rápido e fácil! Consulte a nossa colecção de livros de actividades para o seu próximo momento de diversão e **aprendizagem**, a apenas um clique de distância!

Encontre o seu próximo desafio em:

BestActivityBooks.com/MeuProximoLivro

Aos vossos lugares, preparem-se...Vão!

Sabia que existem cerca de 7.000 línguas diferentes no mundo? As palavras são preciosas.

Adoramos línguas e temos trabalhado arduamente para criar livros da mais alta qualidade para si. Os nossos ingredientes?

Uma selecção de tópicos adequados à aprendizagem, três boas porções de entretenimento, e depois acrescentamos uma colherada de palavras difíceis e uma pitada de palavras raras. Servimo-los com amor e máximo divertimento, para que possa resolver os melhores jogos de palavras e se divirta a aprender!

A sua opinião é essencial. Pode participar activamente no sucesso deste livro, deixando-nos um comentário. Gostaríamos de saber o que mais lhe agradou nesta edição.

Aqui está um link rápido para a sua página de encomendas:

BestBooksActivity.com/Avaliacoes50

Obrigado pela vossa ajuda e divirtam-se!

A Equipa Inteira

1 - Dirigindo

```
D G A C A R R E T E R A K P
G A R A J E Y M P I B H S R
C S E G U R I D A D R A X E
O L C T Ú N E L V P V C O C
C L M A I W B Q P I A C J A
H Y O E L L I C E N C I A U
E E T F P L L V A M R D Z C
N Í O X E Q E E T J T E U I
F M R E L P C M O V F N J Ó
T R Á F I C O K N F T T O N
Q M E V G U E O A Y Z E V H
M M C N R T P O L I C Í A R
Í S W M O T O C I C L E T A
C O M B U S T I B L E R V Y
```

ACCIDENTE
COCHE
COMBUSTIBLE
PRECAUCIÓN
CARRETERA
FRENOS
GARAJE
GAS
LICENCIA
MAPA

MOTOCICLETA
MOTOR
PEATONAL
PELIGRO
POLICÍA
CALLE
SEGURIDAD
TRÁFICO
TÚNEL

2 - Atividades

```
S  J  Í  F  O  T  O  G  R  A  F  Í  A  J
O  C  I  O  H  M  H  E  N  M  R  Q  B  I
V  G  M  X  F  M  B  K  J  C  A  T  S  R
W  K  R  L  P  I  N  T  U  R  A  G  E  E
P  I  N  T  E  R  E  S  E  S  K  L  I  L
A  L  Z  D  S  T  Y  J  G  P  X  E  C  A
R  F  A  C  C  R  S  E  O  C  Z  C  E  J
T  G  S  C  A  Z  A  S  S  X  H  T  R  A
E  H  E  Z  E  T  P  V  R  P  J  U  Á  C
S  W  D  F  P  R  P  A  N  O  R  M  I  I
A  H  H  A  B  I  L  I  D  A  D  A  I  Ó
N  U  A  C  T  I  V  I  D  A  D  F  C  N
Í  S  E  N  D  E  R  I  S  M  O  S  A  Z
A  J  A  R  D  I  N  E  R  Í  A  B  L  N
```

ARTE
ARTESANÍA
ACTIVIDAD
CAZA
SENDERISMO
CERÁMICA
FOTOGRAFÍA
HABILIDAD
INTERESES

JARDINERÍA
JUEGOS
OCIO
LECTURA
MAGIA
PESCA
PINTURA
PLACER
RELAJACIÓN

3 - Churrascos

```
T M C J N F F F A M I L I A
S H H U B P A R R I L L A T
Í A H E C N F F U N A F T V
P M L G B H F W B T M W Y D
E B L O P Q I J S Q A H Y P
C R A S R F A L M U E R Z O
V E R D U R A S L V K Z W L
B C A L I E N T E O M S L L
I N V I T A C I Ó N S A G O
T O M A T E S M U Q Í L C Í
G F O N I Ñ O S A N Z S C C
O K I E P I M I E N T A E V
V E R A N O M Ú S I C A N M
Y G O P T E N S A L A D A S
```

ALMUERZO	JUEGOS
INVITACIÓN	VERDURAS
NIÑOS	SALSA
CUCHILLOS	MÚSICA
FAMILIA	PIMIENTA
HAMBRE	CALIENTE
POLLO	SAL
FRUTA	ENSALADAS
PARRILLA	TOMATES
CENA	VERANO

4 - Pesca

```
J  E  N  U  T  G  D  I  T  P  J  W  N  B
X  X  Y  M  R  M  A  K  K  E  A  E  R  R
Í  Í  F  E  Z  N  U  N  Z  S  I  X  N  A
A  L  E  T  A  S  U  C  C  O  J  A  R  N
C  C  E  S  T  A  O  Z  B  H  B  G  Í  Q
X  O  C  É  A  N  O  V  X  P  O  E  D  U
P  Y  C  T  C  A  B  L  E  A  L  R  B  I
L  L  T  I  T  G  H  W  Y  C  Y  A  N  A
D  P  X  C  N  U  J  M  N  I  J  C  Y  S
L  A  G  O  Z  A  I  H  Q  E  T  I  T  A
T  Q  T  G  S  I  R  A  C  N  O  Ó  G  C
C  X  C  E  B  O  Í  Y  R  C  Í  N  T  F
B  A  R  C  O  I  O  V  I  I  D  F  M  H
E  Q  U  I  P  O  L  E  A  A  Í  F  M  L
```

AGUA	GANCHO
ALETAS	CEBO
BARCO	LAGO
BRANQUIAS	OCÉANO
CESTA	PACIENCIA
COCINAR	PESO
EQUIPO	PLAYA
EXAGERACIÓN	RÍO
CABLE	

5 - Geologia

```
F E B R E C C A P A Í V C R
H R C D S U A V G R R Í O S
T O N B T A L V M O U T N S
E S R R A R C Q E Í S R T C
U I C Q L Z I Q S R A N I M
E Ó Q R A O O P E F N I N I
B N Z N C W T Í T J L A E N
Á Z D P T Z U C A M R C N E
C W C R I S T A L E S O T R
I U K N T E F Ó S I L R E A
D U S O A N D B S T L A S L
O Í Y A C J E R J Z A L E E
Z O N A L O I Í A O V G W S
V O L C Á N F V N K A N I G
```

ÁCIDO	FÓSIL
CAPA	LAVA
CAVERNA	MINERALES
CALCIO	PIEDRA
CONTINENTE	MESETA
CORAL	CUARZO
CRISTALES	SAL
EROSIÓN	VOLCÁN
ESTALACTITA	ZONA

6 - Móveis

```
C A V R R T F L C F H J Z D
O M X N U X Q N O B A N C O
J U A L F O M B R A M V A F
I M E C H R E Í T H A E M F
N C S O F Á Y M I W C S A M
E R T C S O N Y N Í A T Í K
S Y A Z O W Y S A X M A M H
B F N C X L C J S P I N E A
I A T X W L C Ó K C X T S F
A S E T L N P H M H E E P U
Q P S I L L A N Ó O Y R E T
B V C M S I L L Ó N D Í J Ó
S L V A L M O H A D A A O N
E S C R I T O R I O F F W X
```

ALMOHADA   ESTANTERÍA
COJINES   FUTÓN
BANCO   HAMACA
SILLA   ESCRITORIO
CAMA   SILLÓN
COLCHÓN   ESTANTES
CORTINAS   SOFÁ
CÓMODA   ALFOMBRA
ESPEJO

7 - Tempo

```
E  P  D  C  O  O  H  F  F  H  A  Ñ  O  R
M  O  M  E  N  T  O  V  U  O  D  A  S  E
A  N  T  E  S  D  Í  A  T  R  S  N  I  L
Ñ  H  G  Í  Y  M  H  W  U  A  E  U  G  O
A  L  O  D  H  I  H  H  R  V  M  A  L  J
N  I  V  R  P  N  K  O  O  I  A  L  O  A
A  G  O  W  A  U  Z  X  Y  V  N  E  W  M
A  V  E  Q  R  T  K  S  M  W  A  B  P  S
D  J  T  C  F  O  U  E  E  S  W  Í  A  D
C  A  L  E  N  D  A  R  I  O  O  J  M  É
A  F  F  Y  B  V  D  K  N  O  C  H  E  C
X  Y  W  U  U  R  Q  Q  H  S  G  Q  S  A
Í  M  E  D  I  O  D  Í  A  F  Y  G  F  D
J  F  B  R  W  Y  O  A  R  A  Í  P  I  A
```

AHORA	MAÑANA
AÑO	MEDIODÍA
ANTES	MES
ANUAL	MINUTO
CALENDARIO	MOMENTO
DÉCADA	NOCHE
DÍA	AYER
FUTURO	RELOJ
HOY	SEMANA
HORA	SIGLO

8 - Astronomia

```
M R T E G R A V E D A D Y S
E W A I Y I G F U A S I V O
T B S D E H H A A I T E N L
E I T Í I R H E Z K R Q E A
O F E Y H A R R O B O U B R
R R R H X N C A I Y N I U G
O C O S M O S I T H A N L Y
C A I N P X U S Ó V U O O P
O S D J L I R N Y N T C S C
H Z E P A C I E L O A C A C
E L C O N S T E L A C I Ó N
T S U P E R N O V A W O T W
E L M N T E C L I P S E U M
K S T Q A S T R Ó N O M O Í
```

ASTEROIDE
ASTRONAUTA
ASTRÓNOMO
CIELO
CONSTELACIÓN
COSMOS
ECLIPSE
EQUINOCCIO
COHETE

GRAVEDAD
LUNA
METEORO
NEBULOSA
PLANETA
RADIACIÓN
SOLAR
SUPERNOVA
TIERRA

9 - Circo

```
M A N I M A L E S M L T K B
D A J T P O E I O O G R P I
V A G V C Z S J K N I U Q L
B C L I V Q P O O O G C M L
P R Q M A D E Q C R L O E E
C Ó E S P E C T A D O R L T
A B T A M M T I Z Q B L E E
R A N U H G A G W S O B F F
P T K U R P C R E F S V A M
A A U B G P U E M A G O N Ú
P A Y A S O L E Ó N Z A T S
L M A L A B A R I S T A E I
V X V C D X R T R A J E C C
M B R D E S F I L E M M V A
```

ACRÓBATA
ANIMALES
GLOBOS
BILLETE
DESFILE
ELEFANTE
ESPECTADOR
ESPECTACULAR
LEÓN
MONO

MAGIA
MALABARISTA
MAGO
MÚSICA
PAYASO
CARPA
TIGRE
TRAJE
TRUCO

10 - Acampamento

```
R M A N I M A L E S M O S N
Q S Y D C Í V Z U B O S O J
H C Y U A K E O Z T N I M C
Á A U P N I N S E C T O B N
E R C K O W T T W X A B R A
O P B A A F U E G O Ñ R E T
Y A R O Z L R M A P A Ú R U
L U N A L A A Z H U F J O R
B M O B I E Z E P A Q U O A
C U E R D A S L G D M L S L
M P L H E Q U I P O L A I E
G Y B O S Q U E V N A Y C Z
L F L M C I T A L H G V F A
C A B I N A Í O A M O G W T
```

ANIMALES	BOSQUE
AVENTURA	FUEGO
ÁRBOLES	INSECTO
BRÚJULA	LAGO
CABINA	LUNA
CAZA	HAMACA
CANOA	MAPA
SOMBRERO	MONTAÑA
CUERDA	NATURALEZA
EQUIPO	CARPA

11 - Emoções

```
E  I  M  Q  P  K  E  A  L  E  G  R  Í  A
M  D  T  I  R  M  H  B  G  B  Z  V  S  B
O  T  R  R  E  M  I  U  S  S  M  L  J  P
C  E  A  E  Í  D  M  R  P  A  Z  L  E  Y
I  R  N  L  I  C  O  R  B  T  M  T  A  O
O  N  Q  A  R  A  T  I  O  I  F  O  G  S
N  U  U  J  A  L  R  M  N  S  K  B  R  I
A  R  I  A  J  M  I  I  D  F  H  E  A  M
D  A  L  D  M  A  S  E  A  E  M  A  D  P
O  C  I  O  X  N  T  N  D  C  W  T  E  A
A  M  D  R  V  F  E  T  P  H  R  I  C  T
F  T  A  W  D  Í  Z  O  Y  O  L  T  I  Í
D  C  D  F  O  E  A  J  W  F  Q  U  D  A
T  O  U  U  C  O  N  T  E  N  I  D  O  K
```

ALEGRÍA   PAZ
AMOR   IRA
EMOCIONADO   RELAJADO
BEATITUD   SATISFECHO
BONDAD   SIMPATÍA
CALMA   TERNURA
CONTENIDO   ABURRIMIENTO
AGRADECIDO   TRANQUILIDAD
MIEDO   TRISTEZA

12 - Ficção Científica

```
M  J  E  Z  T  E  C  N  O  L  O  G  Í  A
F  U  E  G  O  Q  I  A  F  K  N  F  D  Q
P  I  N  E  Y  E  N  T  I  F  L  A  I  V
Q  H  Y  D  X  U  E  Ó  P  H  G  N  S  F
F  B  U  R  O  X  U  M  I  G  K  T  T  U
E  X  T  R  E  M  O  I  L  A  B  Á  O  T
X  R  P  O  O  R  Á  C  U  L  O  S  P  U
P  V  J  B  P  P  Q  O  S  A  W  T  Í  R
L  B  R  O  H  V  L  Z  I  X  E  I  A  I
O  L  Z  T  S  O  I  A  Ó  I  D  C  N  S
S  Í  J  S  A  G  W  C  N  A  W  O  V  T
I  D  I  S  T  A  N  T  E  E  Z  F  E  A
Ó  L  I  B  R  O  S  J  R  F  T  W  Í  W
N  I  M  A  G  I  N  A  R  I  O  A  V  T
```

ATÓMICO	GALAXIA
CINE	ILUSIÓN
DISTANTE	IMAGINARIO
DISTOPÍA	LIBROS
EXPLOSIÓN	MUNDO
EXTREMO	ORÁCULO
FANTÁSTICO	PLANETA
FUEGO	ROBOTS
FUTURISTA	TECNOLOGÍA

13 - Mitologia

```
Q  G  D  L  A  B  E  R  I  N  T  O  G  M
X  T  U  E  V  E  N  G  A  N  Z  A  D  Á
M  R  L  E  S  B  R  N  D  Y  W  R  H  G
R  U  L  Í  R  A  G  G  N  J  D  B  J  I
A  E  W  V  Í  R  S  F  U  E  R  Z  A  C
Y  N  H  L  D  C  E  T  O  J  K  M  C  O
O  O  E  Z  B  E  M  R  R  Y  K  Q  U  L
M  O  R  T  A  L  E  O  O  E  Y  O  L  E
O  H  O  F  N  O  Z  J  N  C  S  L  T  Y
H  Y  Í  X  A  S  Q  O  U  S  D  Y  U  E
É  P  N  Y  V  W  P  K  V  Í  T  X  R  N
R  O  A  C  R  E  A  C  I  Ó  N  R  A  D
O  C  R  I  A  T  U  R  A  Y  W  N  U  A
E  A  R  Q  U  E  T  I  P  O  Y  X  D  O
```

ARQUETIPO	HÉROE
CELOS	LABERINTO
CREACIÓN	LEYENDA
CRIATURA	MÁGICO
CULTURA	MONSTRUO
DESASTRE	MORTAL
FUERZA	RAYO
GUERRERO	TRUENO
HEROÍNA	VENGANZA

14 - Medições

```
U  T  Í  A  N  L  O  A  O  G  T  B  S  U
K  C  W  N  Y  L  Í  X  C  E  X  Y  W  M
P  R  O  F  U  N  D  I  D  A  D  T  J  Y
K  I  L  Ó  M  E  T  R  O  M  P  E  S  O
G  R  A  M  O  N  Z  A  M  E  P  W  I  C
K  R  E  O  U  Q  I  Y  Y  T  U  V  H  E
I  L  A  L  I  T  R  O  W  R  L  W  T  N
L  O  A  D  C  M  A  S  A  O  G  H  T  T
O  N  L  E  O  T  O  N  E  L  A  D  A  Í
G  G  T  C  J  R  B  F  C  C  D  R  X  M
R  I  U  I  K  C  L  C  I  H  A  E  K  E
A  T  R  M  I  N  U  T  O  V  O  C  J  T
M  U  A  A  V  O  L  U  M  E  N  O  S  R
O  D  C  L  I  W  B  A  R  X  B  P  Í  O
```

ALTURA	METRO
BYTE	MINUTO
CENTÍMETRO	ONZA
LONGITUD	PESO
DECIMAL	PULGADA
GRAMO	PROFUNDIDAD
GRADO	KILOGRAMO
ANCHO	KILÓMETRO
LITRO	TONELADA
MASA	VOLUMEN

15 - Plantas

```
Í  F  J  A  R  D  Í  N  G  P  B  L  F  M
A  E  H  Y  D  M  I  P  F  E  Á  H  R  U
B  R  H  O  J  A  W  É  T  M  R  I  I  S
O  T  B  I  C  A  C  T  U  S  B  E  J  G
T  I  O  U  E  H  B  A  F  L  O  R  O  O
Á  L  S  G  S  D  I  L  V  P  L  B  L  F
N  I  Q  K  C  T  R  O  X  R  T  A  I  L
I  Z  U  B  V  L  O  A  S  N  M  C  L  O
C  A  E  A  G  R  F  O  L  L  A  J  E  R
A  N  J  Y  D  O  A  H  X  G  S  X  B  A
L  T  E  A  V  L  A  Í  E  A  G  G  E  I
V  E  S  E  E  E  Í  B  Z  T  R  Q  T  Z
V  E  G  E  T  A  C  I  Ó  N  J  V  Z  C
B  A  M  B  Ú  E  D  F  C  I  X  E  R  A
```

ARBUSTO	FLORA
ÁRBOL	BOSQUE
BAYA	HOJA
BAMBÚ	FOLLAJE
BOTÁNICA	HIEDRA
CACTUS	JARDÍN
HIERBA	MUSGO
FRIJOL	PÉTALO
FERTILIZANTE	RAÍZ
FLOR	VEGETACIÓN

16 - Veículos

```
B P F K H C A F Í G G C A L
G M I O Z A F D B Z C O V A
K K U R I M E T R O G C I N
Í A V H V I R X U P Í H Ó Z
R N L Q N Ó R X S Y T E N A
C A E M O N Y X M M B V C D
C U D U S U B M A R I N O E
O T H A M B U L A N C I A R
H O O U O Á C A R A V A N A
E B J M T G T A X I N I W K
T Ú Q V O R W I B A L S A K
E S P A R P Z S C O O T E R
B I C I C L E T A O V N Y E
B A R C O Í L D E R S C U J
```

AMBULANCIA	BALSA
AVIÓN	SCOOTER
FERRY	METRO
BARCO	MOTOR
BICICLETA	AUTOBÚS
CAMIÓN	NEUMÁTICOS
CARAVANA	SUBMARINO
COCHE	TAXI
COHETE	LANZADERA

17 - Restaurante # 2

```
E  V  P  P  A  S  T  E  L  N  F  C  U  S
N  E  E  T  P  S  A  L  T  C  Í  E  D  Í
S  R  S  E  E  C  T  Y  N  A  M  N  E  F
A  D  C  N  R  U  A  G  U  A  Q  A  L  I
L  U  A  E  I  C  L  M  J  R  E  J  I  D
A  R  D  D  T  H  M  Í  A  M  S  J  C  E
D  A  O  O  I  A  U  E  Z  R  P  I  I  O
A  S  R  R  V  R  E  F  H  I  E  L  O  S
W  C  J  D  O  A  R  R  S  F  C  R  S  I
Y  D  Í  Z  S  Y  Z  U  K  C  I  I  O  L
T  Y  T  T  G  U  O  T  Q  M  A  K  P  L
W  K  M  D  N  S  U  A  P  X  S  O  P  A
B  E  B  I  D  A  L  A  D  E  L  U  A  F
S  J  X  F  O  L  X  B  F  V  G  Í  P  B
```

ALMUERZO
APERITIVO
AGUA
BEBIDA
PASTEL
SILLA
CUCHARA
DELICIOSO
ESPECIAS
FRUTA

CAMARERO
TENEDOR
HIELO
CENA
VERDURAS
FIDEOS
PESCADO
SAL
ENSALADA
SOPA

18 - Países #2

```
A R Í R E G P H D W W V L N
I G A P O R L A A Y A F Í D
F R A N C I A I K M F R B R
K E L J R X M T K I C V A U
N C A A B U A Í O X S G N S
E I O P N I G E R I A T O I
P A S Ó M D L Í E S Z P Á A
A N Í N N G A E Z K Í Z M N
L S U C R A N I A Y T U É U
L J I D I N A M A R C A X G
B K R R S O M A L I A I I A
A F W I I J A M A I C A C N
X X W D Q A L B A N I A O D
I N D O N E S I A J G S D A
```

ALBANIA	LÍBANO
DINAMARCA	MÉXICO
FRANCIA	NEPAL
GRECIA	NIGERIA
HAITÍ	PAKISTÁN
INDONESIA	RUSIA
IRLANDA	SIRIA
JAMAICA	SOMALIA
JAPÓN	UCRANIA
LAOS	UGANDA

19 - Cozinha

```
X S E R V I L L E T A D L T
T E N E D O R E S T T T S A
C U C H I L L O S U A A X Z
R A D P Y C B M S A R Z V Ó
E Y L D Q Q Z X J A R R A N
C P A D P A L I L L O S H S
E T X W E C U C H A R A S H
T T J W S R E S P O N J A F
A Y E N P Z A H O R N O O H
C O N G E L A D O R T U Í C
O M E R C U C H A R Ó N Q O
M W A N I P A R R I L L A A
E D E L A N T A L U M J B H
R C X S S G P Q I S T X P C
```

DELANTAL	CONGELADOR
CALDERA	TENEDORES
CUCHARAS	PARRILLA
COMER	SERVILLETA
CUCHARÓN	TARRO
TAZAS	JARRA
ESPECIAS	PALILLOS
ESPONJA	RECETA
CUCHILLOS	TAZÓN
HORNO	

20 - Brinquedos

```
M S T C O M E T A V I Ó N K
E O Z E A R T E S A N Í A I
D Í S R Y M O Y M J I A O M
O W P B P P I N T U R A S A
A R C I L L A Ó I E Ñ Z V G
A J E D R E Z F N G C E V I
B I C I C L E T A O O B C N
T L F K J I D H X S C A I A
P T Z M G B U I S N H R H C
B H C A D R R E G X E C T I
Z R R T N O E O Q S W O N Ó
X C T M A S P Z B B O L A N
F A V O R I T O T O U K U T
T A M B O R E S Y X T Y U Y
```

ARCILLA
ARTESANÍA
AVIÓN
BARCO
TAMBORES
BICICLETA
BOLA
MUÑECA
CAMIÓN

COCHE
FAVORITO
IMAGINACIÓN
JUEGOS
LIBROS
COMETA
ROBOT
PINTURAS
AJEDREZ

21 - Verão

```
Z  C  Í  N  X  M  U  T  J  J  R  F  Í  J
Q  A  E  U  F  B  A  O  B  U  C  E  O  Q
X  M  S  J  A  R  D  Í  N  H  E  M  G  E
R  P  T  Í  M  O  C  I  O  C  N  G  I  B
E  I  R  V  I  A  J  E  Í  G  T  G  O  W
L  N  E  P  L  A  Y  A  S  H  H  A  L  S
A  G  L  A  I  F  O  C  G  S  C  A  I  A
J  Z  L  C  A  Z  K  B  T  M  U  T  B  N
A  M  A  A  L  E  G  R  Í  A  A  O  R  D
C  S  S  M  Ú  S  I  C  A  D  Í  R  O  A
I  I  E  L  I  R  Y  G  X  B  J  P  S  L
Ó  F  T  W  O  G  R  L  D  H  I  Q  Í  I
N  M  O  N  C  H  O  G  A  R  P  T  Í  A
T  U  B  G  C  L  Z  S  D  Q  O  J  V  S
```

CAMPING
ALEGRÍA
AMIGOS
HOGAR
ESTRELLAS
FAMILIA
JARDÍN
JUEGOS
OCIO

LIBROS
MAR
BUCEO
MÚSICA
PLAYA
RELAJACIÓN
SANDALIAS
VIAJE

22 - Material de Arte

```
C  B  P  A  S  T  E  L  E  S  Q  L  D  Q
A  A  O  A  G  U  A  M  E  S  A  L  V  P
R  R  O  R  P  G  I  B  A  C  E  I  T  E
B  C  P  C  R  E  A  T  I  V  I  D  A  D
Ó  I  I  T  L  A  L  Q  J  V  E  I  X  Z
N  L  N  Y  G  Á  D  T  Z  H  K  M  S  Q
B  L  T  J  N  I  P  O  S  I  L  L  A  R
O  A  U  M  J  E  V  I  R  K  W  K  I  O
A  C  R  Í  L  I  C  O  C  T  I  N  T  A
K  Á  A  C  A  B  A  L  L  E  T  E  L  V
J  M  S  C  E  P  I  L  L  O  S  Í  P  C
S  A  A  C  U  A  R  E  L  A  S  L  D  V
U  R  C  O  L  O  R  E  S  G  P  Q  Z  Y
M  A  Í  W  P  E  G  A  M  E  N  T  O  K
```

ACRÍLICO

BORRADOR

ACUARELAS

ARCILLA

AGUA

SILLA

CARBÓN

CABALLETE

CÁMARA

PEGAMENTO

COLORES

CREATIVIDAD

CEPILLOS

LÁPICES

MESA

ACEITE

PAPEL

PASTELES

TINTA

PINTURAS

23 - Números

```
D S H Q Q D Q J R O N D E Q
E E M C V O I V G N U N O U
C A S Y E C W E M R E G D I
I W O M I E A U C I V P T N
M D W W N Z T R S I E T E C
A L I H T T R E C E O T H E
L B O E E O Y Í E L C C J Y
C D O S C U A T R O A J H N
I P R O V I K I O L T B Z O
N Í B R C U S M U V O X T K
C C S Í X H D É O T R E S C
O W N F T V O Z I R C W Z W
D I E Z I I A J K S E I S Y
D I E C I S I E T E G I R V
```

CINCO	CATORCE
DECIMAL	CUATRO
DIEZ	QUINCE
DIECISÉIS	SEIS
DIECISIETE	SIETE
DIECIOCHO	TRECE
DOS	TRES
DOCE	UNO
NUEVE	VEINTE
OCHO	CERO

24 - Ferramentas

```
A L I C A T E S E E R M T A
U J K L F M P W L S N A I N
N C J T Q G P Í P C A R J T
P A X J L G C B A A W T E O
H E V C U C H I L L O I R R
E L G A Z Q H E A E X L A C
V K R A J H Z J F R T L S H
L H A B M A Z O Í A T O R A
H G P T S E C X D Z M V A N
Q C A B L E N U L H L B O G
G B D B P Z D T E Í R T I T
P T O R N I L L O R N G H H
A G R U E D A E P S D C C A
A H A C H A K P A G R A P A
```

ALICATES
CABLE
PEGAMENTO
CUERDA
ESCALERA
CUCHILLO
GRAPADORA
GRAPA
HACHA

MAZO
MARTILLO
NAVAJA
TORNILLO
PALA
RUEDA
TIJERAS
ANTORCHA

25 - Especiarias

```
A  Í  C  N  C  A  K  I  Z  Z  R  J  C  O
Z  P  I  E  E  M  G  V  V  T  E  E  O  T
A  I  L  N  B  A  A  R  A  X  G  N  M  C
F  M  A  J  O  R  N  S  I  O  A  G  I  V
R  I  N  V  L  G  Í  M  N  O  L  I  N  D
Á  E  T  Q  L  O  S  M  I  Y  I  B  O  U
N  N  R  N  A  J  A  K  L  S  Z  R  C  L
E  T  O  L  T  T  L  T  L  S  T  E  C  C
C  A  N  E  L  A  N  T  A  K  A  S  B  E
N  U  E  Z  M  O  S  C  A  D  A  B  R  J
F  J  R  H  I  N  O  J  O  C  W  O  O  B
B  N  S  R  C  A  R  D  A  M  O  M  O  R
P  P  Í  F  Y  N  V  A  S  T  G  U  E  Í
X  A  A  O  C  Z  E  I  X  U  S  I  Í  S
```

AZAFRÁN	CEBOLLA
REGALIZ	CILANTRO
AJO	COMINO
AMARGO	DULCE
ANÍS	HINOJO
AGRIO	JENGIBRE
VAINILLA	NUEZ MOSCADA
CANELA	PIMIENTA
CARDAMOMO	SABOR
CURRY	SAL

26 - Aniversário

```
Y C E L E B R A C I Ó N I C
Í B V L S C T E H L X A T A
J O V E N L D Í G H B M A L
S A P R E N D E R A H I R E
A P Ñ F U D K G R B L G J N
B K K O A Í V E L A S O E D
I N V I T A C I O N E S T A
D A L Z N F P A F G U N A R
U C K Z F E A J N I P Z S I
R E C Z F L S B Í C X X E O
Í R J F X I T Í Y K I Í J A
A Z M T H Z E M P J Y Ó V T
T I E M P O L V A X T S N C
A L E G R E E S P E C I A L
```

ALEGRE
AMIGOS
AÑO
APRENDER
PASTEL
CALENDARIO
CANCIÓN
TARJETAS
CELEBRACIÓN
INVITACIONES

DÍA
REGALO
ESPECIAL
FELIZ
JOVEN
NACER
SABIDURÍA
TIEMPO
VELAS

27 - Casa

```
C H V E N T A N A S E S G N
O A G U T E Q P P B Z U E A
R B A Í R E X V U O T G S L
T I R I T P Q D R B P L P F
I T A R D C O C I N A I E O
N A J P U E R T A Í R Ñ J M
A C E X C H I M E N E A O B
S I G Í H L N J A R D Í N R
Z Ó V R A W L V A L L A A A
O N Y N I Z N A Á T I C O X
V H L Q V F J A V O X E G R
E S C O B A O M U E B L E C
B I B L I O T E C A S Y V J
W M M S X L H T T T X F M I
```

BAÑO	JARDÍN
BIBLIOTECA	CHIMENEA
VALLA	MUEBLE
LLAVES	PARED
DUCHA	PUERTA
CORTINAS	HABITACIÓN
COCINA	ÁTICO
ESPEJO	ALFOMBRA
GARAJE	GRIFO
VENTANA	ESCOBA

28 - Vegetais

```
Z  D  O  L  P  B  E  R  E  N  J  E  N  A
C  A  T  Í  D  A  Z  D  Á  P  O  Í  S  J
H  N  N  G  U  Í  T  U  E  B  X  T  E  R
A  Z  T  A  Y  A  U  A  Í  W  A  E  T  B
L  Í  G  M  H  B  O  Í  T  M  A  N  A  R
O  N  H  A  Í  O  K  M  Q  A  L  S  O  A
T  A  P  P  J  M  R  T  D  A  C  A  G  J
E  B  N  I  P  E  P  I  N  O  A  L  U  O
E  O  H  O  C  K  H  H  A  Z  C  A  I  H
E  S  P  I  N  A  C  A  S  X  H  D  S  C
C  A  L  A  B  A  Z  A  R  K  O  A  A  Z
B  R  Ó  C  O  L  I  X  Q  J  F  T  N  X
P  E  R  E  J  I  L  C  H  O  A  U  T  Í
L  P  Z  T  J  E  N  G  I  B  R  E  E  S
```

CALABAZA	SETA
APIO	GUISANTE
ALCACHOFA	ESPINACAS
AJO	JENGIBRE
PATATA	NABO
BERENJENA	PEPINO
BRÓCOLI	RÁBANO
ZANAHORIA	ENSALADA
CHALOTE	PEREJIL

29 - Exploração

```
D V I A J E E K V C T M A K
D E O Í G P E G U O E W C R
E M T I A O X F Z R R T T B
S O E E P E T Q Q A R R I I
C C S S R D J A Í J E X V Í
O I A P E M I Y M E N H I L
N Ó L A N J I S M I O D D Í
O N V C D C D N T O E C A R
C U A I E E I E A A H N D I
I E J O R B O Í Y C N R T Í
D V E N I M M B J T I T C O
O O A N I M A L E S O Ó E Í
B Ú S Q U E D A I L X I N Z
O Í C U L T U R A S I N Í U
```

ANIMALES
APRENDER
ACTIVIDAD
BÚSQUEDA
CORAJE
CULTURAS
DESCONOCIDO
DETERMINACIÓN
DISTANTE

ESPACIO
AGOTAMIENTO
EMOCIÓN
IDIOMA
NUEVO
SALVAJE
TERRENO
VIAJE

30 - Balé

```
M R P E X P R E S I V O C B
D Y W U Z L R I T M O S H A
C C J I G Í J Á X W G R Í I
O O M W E U D E C R S O R L
A R M Ú S I C A N T X C E A
G E Q P T K I F Z C I K B R
R O I U O B I U K Í H C L I
A G X N E S T I L O S H A N
C R R B N S I L W R O K P A
I A U U S Q T T D M L F L W
A F H D A G T A O P O Y A J
D Í F U Y K X C Q R W F U N
O A I W O T É C N I C A S Í
F A U D I E N C I A G L O R
```

APLAUSO	AGRACIADO
BAILARINA	MÚSICA
COMPOSITOR	ORQUESTA
COREOGRAFÍA	PRÁCTICA
ENSAYO	AUDIENCIA
ESTILO	RITMO
EXPRESIVO	SOLO
GESTO	TÉCNICA

31 - Conservação

```
P  S  C  A  B  H  W  N  A  T  U  R  A  L
U  A  I  A  M  Á  V  L  O  M  U  A  Q  J
X  L  C  X  Z  B  L  J  R  N  A  R  G  Í
Y  U  L  V  A  I  I  Q  G  K  K  N  U  Q
V  D  O  D  D  T  Q  E  Á  G  T  Y  Q  M
I  E  C  M  F  A  X  U  N  Í  T  O  L  O
K  Q  R  J  B  T  E  Z  I  T  C  I  G  R
I  Z  N  D  E  A  A  I  C  B  A  W  D  E
Y  G  M  Q  E  K  G  Q  O  H  O  L  K  D
X  B  L  P  E  D  U  C  A  C  I  Ó  N  U
R  E  C  I  C  L  A  R  L  Q  J  C  D  C
P  E  S  T  I  C  I  D  A  I  A  E  X  I
S  O  S  T  E  N  I  B  L  E  M  V  F  R
E  C  O  S  I  S  T  E  M  A  E  A  F  C
```

AMBIENTAL
AGUA
CICLO
CLIMA
ECOSISTEMA
EDUCACIÓN
HÁBITAT
NATURAL

ORGÁNICO
PESTICIDA
RECICLAR
REDUCIR
SALUD
SOSTENIBLE
VERDE

32 - Adjetivos #1

```
M  N  N  V  A  L  I  O  S  O  L  S  Z  P
W  H  V  R  B  L  Y  F  G  R  A  N  D  E
A  R  T  Í  S  T  I  C  O  M  Y  X  C  R
R  A  E  K  E  E  M  P  O  U  J  B  G  F
O  T  X  I  R  N  P  J  E  S  Y  X  E  E
M  R  Ó  D  I  O  O  W  G  S  C  Í  N  C
Á  A  T  É  O  R  R  M  E  R  A  U  E  T
T  C  I  N  Í  M  T  O  M  P  N  D  R  O
I  T  C  T  R  E  A  D  M  X  Y  E  O  O
C  I  O  I  H  O  N  E  S  T  O  L  S  L
O  V  K  C  L  Z  T  R  Q  W  B  G  O  E
U  O  U  O  B  K  E  N  M  H  D  A  M  N
M  I  S  T  E  R  I  O  S  O  T  D  D  T
A  B  S  O  L  U  T  O  J  C  V  A  P  O
```

ABSOLUTO	HONESTO
AROMÁTICO	IDÉNTICO
ARTÍSTICO	IMPORTANTE
ATRACTIVO	LENTO
ENORME	MISTERIOSO
OSCURO	MODERNO
EXÓTICO	PERFECTO
DELGADA	PESADO
GENEROSO	SERIO
GRANDE	VALIOSO

33 - Insetos

```
P L M M A R I Q U I T A Í E
O L I O M A N T I S A Y G S
L A Y B S L W V A Í P Í P C
I R M H É Q M A R I P O S A
L V O F X L U E Y V U C C R
L A B E J A U I Í L L U I A
A R V Z D Z N L T L G C G B
K C C B Y V H W A O A A A A
S A L T A M O N T E S R R J
A V I S P A R R L I O A R O
C L L A I C M S I G I C A M
U F T A Á F I D O Í Z H Q E
G U S A N O G F O L D A V T
X S G O B D A T E R M I T A
```

ABEJA	LARVA
CUCARACHA	LIBÉLULA
ESCARABAJO	MANTIS
MARIPOSA	POLILLA
CIGARRA	GUSANO
TERMITA	MOSQUITO
HORMIGA	PULGA
SALTAMONTES	ÁFIDO
MARIQUITA	AVISPA

34 - Paisagens

```
O V L M O N T A Ñ A I T P U
C A A X D P E N Í N S U L A
É L G I C E B E R G L E A Q
A L O X C G S Q Í K A A Y W
N E I P C O R I O M K N A O
O X M A R A L F E O A S I S
W S C N W K S I Y R R D X R
H D M T X P H C N H T X H Q
M G L A C I A R A A S O Q X
L O A N C U E V A D N C R K
Y L W O Q T U N D R A N C T
A F V O L C Á N U G O Í Q E
F O R N U V J U E Y T D S D
P V D Y P H U G I H Z E C C
```

CASCADA	MONTAÑA
CUEVA	OASIS
COLINA	OCÉANO
DESIERTO	PANTANO
GLACIAR	PENÍNSULA
GOLFO	PLAYA
ICEBERG	RÍO
ISLA	TUNDRA
LAGO	VALLE
MAR	VOLCÁN

35 - Dança

```
C M C U E R P O C A P L H M
R U Ú T I Y H L U N V M Y O
E I L S O C I O L B E O F V
X S T T I Y G H T M M L T I
P A X M U C M E U L O I R M
R L P C O R A G R A C I A I
E T O L V V A I A J I L D E
S A S Á I E L L C E Ó R I N
I R T S S U E G A O N L C T
V B U I U O G B D L U A I O
O R R C A A R T E M V R O I
G O A O L J E I M R P Í N U
E N S A Y O R S I P R M A F
C C O R E O G R A F Í A L W
```

ACADEMIA	EXPRESIVO
ALEGRE	GRACIA
ARTE	MOVIMIENTO
CLÁSICO	MÚSICA
COREOGRAFÍA	SOCIO
CUERPO	POSTURA
CULTURA	RITMO
CULTURAL	SALTAR
EMOCIÓN	TRADICIONAL
ENSAYO	VISUAL

36 - Nutrição

```
Q  R  D  I  G  E  S  T  I  Ó  N  G  C  C
S  A  B  O  R  C  A  L  I  D  A  D  O  A
A  M  A  R  G  O  L  G  X  H  D  L  M  R
T  O  X  I  N  A  U  P  E  S  O  Í  E  B
C  Y  S  A  L  U  D  A  B  L  E  Q  S  O
P  R  O  T  E  Í  N  A  S  R  G  U  T  H
Z  F  N  U  T  R  I  E  N  T  E  I  I  I
S  W  A  C  A  L  O  R  Í  A  S  D  B  D
S  A  L  S  A  A  P  E  T  I  T  O  L  R
V  I  T  A  M  I  N  A  W  O  X  S  E  A
F  E  R  M  E  N  T  A  C  I  Ó  N  J  T
K  G  D  E  Q  U  I  L  I  B  R  A  D  O
D  I  E  T  A  F  M  B  Y  K  I  D  I  S
F  H  J  J  O  Z  X  V  K  Y  P  F  J  R
```

AMARGO	SALSA
APETITO	NUTRIENTE
CALORÍAS	PESO
CARBOHIDRATOS	PROTEÍNAS
COMESTIBLE	CALIDAD
DIETA	SABOR
DIGESTIÓN	SALUDABLE
EQUILIBRADO	SALUD
FERMENTACIÓN	TOXINA
LÍQUIDOS	VITAMINA

37 - Disciplinas Científicas

```
A  A  F  R  I  Q  V  J  W  F  G  F  E  T
W  K  R  A  N  A  T  O  M  Í  A  I  C  E
Y  I  S  Q  M  O  X  T  Q  M  S  S  O  R
G  N  B  Q  U  Í  M  I  C  A  T  I  L  M
B  E  I  I  N  E  G  V  O  O  R  O  O  O
I  S  O  U  O  F  O  P  C  F  O  L  G  D
O  I  Q  L  L  Z  I  L  W  A  N  O  Í  I
L  O  U  V  O  F  O  Y  O  M  O  G  A  N
O  L  Í  I  G  G  Í  H  M  G  M  Í  A  Á
G  O  M  M  Í  E  Í  W  J  U  Í  A  P  M
Í  G  I  S  A  Y  O  A  V  H  A  A  N  I
A  Í  C  P  S  I  C  O  L  O  G  Í  A  C
E  A  A  B  O  T  Á  N  I  C  A  U  Y  A
M  E  T  E  O  R  O  L  O  G  Í  A  B  N
```

ANATOMÍA
ARQUEOLOGÍA
ASTRONOMÍA
BIOLOGÍA
BIOQUÍMICA
BOTÁNICA
KINESIOLOGÍA
ECOLOGÍA

FISIOLOGÍA
GEOLOGÍA
INMUNOLOGÍA
METEOROLOGÍA
PSICOLOGÍA
QUÍMICA
TERMODINÁMICA

38 - Meditação

```
N A T U R A L E Z A C M A P
X T S Z M Ú S I C A R O X E
H O I X E B P P S V W V Z R
J Z M B N A G A W S Y I A S
F Í D G T V C Z I P R M I P
Z E N S E Ñ A N Z A S I P E
O B S E R V A C I Ó N E O C
C O M P A S I Ó N J M N S T
X B A T E N C I Ó N E T T I
E M O C I O N E S A N O U V
I R Z N W W H Q Í O T V R A
U J R R D A Y T W Y A R A F
A C E P T A C I Ó N L B P D
F C L A R I D A D K T Q D Q
```

ACEPTACIÓN
ATENCIÓN
BONDAD
CLARIDAD
COMPASIÓN
EMOCIONES
ENSEÑANZAS
MENTAL

MENTE
MOVIMIENTO
MÚSICA
NATURALEZA
OBSERVACIÓN
PAZ
PERSPECTIVA
POSTURA

39 - Gatos

```
C P I E L D X D B H N P N Y
G U E G S D A O A Q F T E W
B P R R L K A Y S V V K P M
Q S Z I S A L V A J E D R I
F S W Y O O C A Z A D O R L
S T T F B S N R T C F Í Í O
G E X W T C O A Z X B J B C
J E H Z Í S L T L F P G V O
G J U G U E T Ó N I W C B T
P A T A R Í T N V E D G A Í
D O R M I R C Q H V H A Z M
L H G R A C I O S O L C D I
H I L O A B L V Í C O L A D
I N D E P E N D I E N T E O
```

JUGUETÓN	INDEPENDIENTE
CAZADOR	LOCO
COLA	RATÓN
CURIOSO	PATA
DORMIR	PIEL
GRACIOSO	PERSONALIDAD
HILO	SALVAJE
GARRA	TÍMIDO

40 - Artes Visuais

```
C E R Á M I C A F K A A C P
A R B T L O E K J Z R R O L
R P E X F L R V S I T Q M A
C I B A B Á A D H Q I U P N
I N A A T P L U M A S I O T
L T R H I I G E Y U T T S I
L U N K Z Z V A Z R A E I L
A R I S A U T I X K U C C L
E A Z Í D K V S D J U T I A
S E S C U L T U R A W U Ó C
F O T O G R A F Í A D R N D
P E R S P E C T I V A A O P
M V P E L Í C U L A B P L D
R E T R A T O F Í A U S S S
```

ARCILLA
ARQUITECTURA
ARTISTA
PLUMA
CERA
CERÁMICA
COMPOSICIÓN
CREATIVIDAD
ESCULTURA

PLANTILLA
PELÍCULA
FOTOGRAFÍA
TIZA
LÁPIZ
PERSPECTIVA
PINTURA
RETRATO
BARNIZ

41 - Instrumentos Musicais

```
M A N D O L I N A Q D Q U R
V E E W B G B T B T U D T X
Y T J K O C L A R I N E T E
G R S E E I L M N Y R C W P
T O B C N X U B H J A H F A
Í M N N F R S O V I O L Í N
F P U G F M A R I M B A S D
P E R C U S I Ó N J Y R A E
F T T R O M B Ó N B C P X R
L A B E F A G O T I I A O E
A R M Ó N I C A V Z U T F T
U V I O L O N C H E L O Ó A
T Y X H Q V P I A N O Y N F
A B G U I T A R R A F F Í J
```

MANDOLINA
BANJO
CLARINETE
FAGOT
FLAUTA
ARMÓNICA
GONG
ARPA
MARIMBA
OBOE

PANDERETA
PERCUSIÓN
PIANO
SAXOFÓN
TAMBOR
TROMBÓN
TROMPETA
GUITARRA
VIOLÍN
VIOLONCHELO

42 - Escola #1

```
A F M B B L Á P I Z P M N K
M P A F A I E X Á M E N E S
I E R M Í M B T I R I F C I
G Y C E N L N L I B R O S L
O C A X N D W Z I I I U G L
S A D A T D X A J O T J O A
S R O M Z W E L P P T Í Z H
E P R E Z Y I R X I A E B M
R E E N N Ú M E R O S P C L
N T S P R O F E S O R S E A
M A T E M Á T I C A P G U L
E S C R I T O R I O B V B X
A L M U E R Z O P L U M A S
Q K Í Q W A L F A B E T O U
```

ALFABETO
ALMUERZO
AMIGOS
APRENDER
BIBLIOTECA
SILLA
PLUMAS
EXÁMENES
LÁPIZ

LIBROS
MARCADORES
MATEMÁTICA
ESCRITORIO
NÚMEROS
PAPEL
CARPETAS
PROFESOR
EXAMEN

43 - Adjetivos #2

```
D P I T H B S N Y S V S S C
C E R P S F E U N A K A A A
I H S O O M C E O L R L L L
N Í F C D R O V R V D U A I
T Z B G R U G O M A O D D E
E P U R O I C U A J T A O N
R L Í I J N P T L E A B P T
E F U E R T E T I L D L C E
S L U Y V Z G B I V O E Í O
A U T É N T I C O V O S E G
N A T U R A L F A M O S O G
T Y R Z C R E A T I V O U D
E L Y E L E G A N T E E X M
K T R E S P O N S A B L E Y
```

AUTÉNTICO	NUEVO
CREATIVO	ORGULLOSO
DESCRIPTIVO	PRODUCTIVO
DOTADO	PURO
ELEGANTE	CALIENTE
FAMOSO	RESPONSABLE
FUERTE	SALADO
INTERESANTE	SALUDABLE
NATURAL	SECO
NORMAL	SALVAJE

44 - Roupas

```
C T L U P P N C J W Z G D I
A B V C H A Q U E T A U E E
L J E A N S N B Y L P A L Z
C V S F S N N T F Y A N A N
E Y T C A M I S A Q T T N B
T U I R B L U S A L O E T J
I O D Y R F D N X G O S A T
N D O G I P E A N N J N L Í
E T S C G P I J A M A J E M
S Z U S O C I N T U R Ó N S
C N É I V L M O D A H C Í H
M Q T S Z B L P U L S E R A
W Z E S A N D A L I A S T M
Í F R N S O M B R E R O E B
```

DELANTAL	GUANTES
BLUSA	CALCETINES
PANTALONES	MODA
CAMISA	PIJAMA
ABRIGO	PULSERA
SOMBRERO	FALDA
CINTURÓN	SANDALIAS
COLLAR	ZAPATO
CHAQUETA	SUÉTER
JEANS	VESTIDO

45 - Herbalismo

```
A L B A H A C A C Q S P L M
R Z C B G Y V H I N O J O E
O F A P E S A P L A N T A J
M P F F L O R C A F O S O O
Á E S T R A G Ó N Q S D A R
T R S Q O Á H U T S U X V A
I E A L M S N T R E A J W N
C J B O E P T H O C B B V A
O I E C R J A R D Í N T O R
J L F Q O L A V A N D A V R
T O M I L L O J U L X D E P
B E N E F I C I O S O A R X
I N G R E D I E N T E S D K
S C A L I D A D T K P Í E A
```

AZAFRÁN
ROMERO
AJO
AROMÁTICO
BENEFICIOSO
CILANTRO
ESTRAGÓN
FLOR
HINOJO
INGREDIENTE

JARDÍN
LAVANDA
ALBAHACA
MEJORANA
PLANTA
CALIDAD
SABOR
PEREJIL
TOMILLO
VERDE

46 - Frutas

```
M E H I S M O R A G F D W W
L L U I L E L V S N R E I W
C O C O G L I M Ó N A X Z G
P Y P L H O N G A P M S I Q
B I Y T P C E L L A B A F Y
C Q Ñ M R O C B B P U G A A
V M V A X T T D A A E U V A
K C Q N M Ó A C R Y S A P I
I H M G P N R H I A A C E C
W O F O K D I R C Í V A R E
I P L Á T A N O O U B T A R
N A R A N J A Í Q R H E N E
M A N Z A N A J U X Z N Y Z
X Q Q P F H C S E P Q G W A
```

AGUACATE	KIWI
PIÑA	NARANJA
MORA	LIMÓN
BAYA	MANZANA
PLÁTANO	PAPAYA
CEREZA	MANGO
COCO	NECTARINA
ALBARICOQUE	PERA
HIGO	MELOCOTÓN
FRAMBUESA	UVA

47 - Corpo Humano

```
K  Í  Y  P  W  R  B  A  R  B  I  L  L  A
X  Z  S  D  C  O  J  O  E  Í  O  I  L  S
M  C  O  D  O  D  Z  F  T  N  B  U  X  G
D  A  B  R  P  I  E  R  N  A  K  J  Q  M
T  B  N  S  O  L  B  E  A  E  I  I  W  N
C  E  Y  D  E  L  O  N  R  Y  V  X  B  S
B  Z  C  C  Í  A  C  T  I  O  R  E  J  A
M  A  N  O  A  B  A  E  Z  Z  M  Y  H  N
R  Z  I  X  R  C  U  E  L  L  O  P  O  G
B  T  S  Y  G  A  C  L  P  I  K  F  M  R
D  U  E  A  O  L  Z  M  A  E  X  R  B  E
C  E  R  E  B  R  O  Ó  P  I  E  L  R  D
Í  E  D  X  A  Z  Y  V  N  L  P  I  O  X
K  U  Í  O  T  O  B  I  L  L  O  E  F  E
```

BOCA	OJO
CABEZA	HOMBRO
CEREBRO	OREJA
CORAZÓN	PIEL
CODO	PIERNA
DEDO	CUELLO
RODILLA	BARBILLA
MANDÍBULA	SANGRE
MANO	FRENTE
NARIZ	TOBILLO

48 - Restaurante #1

```
C T G C V S N D P C E P E C
O A S O U Y S C O A A M A N
M Z Q C K C W A L J U R T T
E Ó Z I G W H V L E H E N K
R N P N E Y J I O R I S S E
C A M A R E R A L O W E N E
P O S T R E X N F L W R W L
G R J A C A F É Y D O V Y X
P I C A N T E S G H O A C X
L P Z Í S D R V A C A F E R
A A W V S E R V I L L E T A
T A L E R G I A P J S T U S
O P A N K T M N F K T A U J
N V E M E N Ú E G Y I Q R E
```

ALERGIA
CAFÉ
CAJERO
CARNE
COMER
COCINA
CUCHILLO
POLLO
CAMARERA

SERVILLETA
MENÚ
SALSA
PAN
PICANTE
PLATO
RESERVA
POSTRE
TAZÓN

49 - Caminhada

```
S A L V A J E Q A M F G P P
P A R Q U E S Í G A O U I R
E V D M M Q C S U P R Í E E
S O L A O X M B A A I A D P
A C A N S A D O K N E S R A
D A Í I Q X C T N P N D A R
O M U M U D C A U T T X S A
V P N A I Y U S G Í A D A C
S I X L T K M L H L C Ñ F I
I N R E O Z B K T Q I F A Ó
N G H S S H R S N Í Ó M O N
I C L I M A E Z L U N Q A S
V C W Q A C A N T I L A D O
N A T U R A L E Z A V K H G
```

CAMPING
ANIMALES
AGUA
BOTAS
CANSADO
CLIMA
CUMBRE
GUÍAS
MAPA
MONTAÑA

MOSQUITOS
NATURALEZA
ORIENTACIÓN
PARQUES
PIEDRAS
ACANTILADO
PESADO
PREPARACIÓN
SALVAJE
SOL

50 - Água

```
M L M O N Z Ó N O L A S I I
O A L Y X M W Í C Q H R N Í
G G W U Z X V O É H I T U U
F O V I V Q H G A Q E E N G
R W E Í A I C A N A L P D É
I Í G H P N A V O V O O A I
E O O L O B I O X J X T C S
G G V Y R Y H E L A D A I E
O M H F Y C L Z V C U B Ó R
H U M E D A D V D E C L N W
S E K D K Í V N O Í H E C R
L H U R A C Á N M K A V Q W
E V A P O R A C I Ó N C C M
Y W R Y S R Q L F D W R O A
```

CANAL
LLUVIA
DUCHA
EVAPORACIÓN
HURACÁN
HELADA
HIELO
GÉISER
INUNDACIÓN
RIEGO

LAGO
MONZÓN
NIEVE
OCÉANO
OLAS
POTABLE
RÍO
HUMEDAD
VAPOR

51 - Ecologia

```
X F X R S U Z M D C R Y C S
V A R I E D A D F K E M O O
T U D I Q J P G L D C W M S
J N I A U S T G O X U T U T
O A F S Í E O D R V R I N E
L I E W A V T K A M S Y I N
G L O B A L F H R K O U D I
P L A N T A S G M Y S H A B
A M O N T A Ñ A S A X Á D L
N J C L I M A Í P X R B E E
T D I V E R S I D A D I S B
A N A T U R A L Q A L T N O
N V E G E T A C I Ó N A G O
O N A T U R A L E Z A T P J
```

CLIMA
COMUNIDADES
DIVERSIDAD
FAUNA
FLORA
GLOBAL
HÁBITAT
MARINO
MONTAÑAS

NATURAL
NATURALEZA
PANTANO
PLANTAS
RECURSOS
SEQUÍA
SOSTENIBLE
VARIEDAD
VEGETACIÓN

52 - Família

```
M  P  X  J  B  J  A  N  S  I  L  D  Z  R
A  A  R  N  I  Ñ  O  I  O  N  R  Y  R  N
R  B  T  I  W  C  V  Ñ  B  F  M  H  H  T
I  U  W  E  M  Y  I  O  R  A  A  E  C  K
D  E  M  T  R  O  T  S  I  N  D  R  U  M
O  L  D  O  H  N  E  Í  N  C  R  M  Í  Í
P  A  D  R  E  D  O  P  A  I  E  A  B  D
H  E  R  M  A  N  A  Q  F  A  G  N  K  P
H  S  O  B  R  I  N  O  K  V  H  O  G  Z
H  P  A  T  E  R  N  O  O  F  I  A  D  Z
P  O  F  Y  A  C  D  V  E  U  J  F  V  V
N  S  N  C  U  L  M  E  S  A  T  L  P
A  A  N  T  E  P  A  S  A  D  O  Í  C  X
N  Í  S  Y  H  M  H  I  K  U  O  B  N
```

ANTEPASADO	MATERNO
ABUELA	MADRE
NIÑO	NIETO
NIÑOS	PADRE
ESPOSA	PATERNO
HIJA	PRIMO
INFANCIA	SOBRINA
HERMANA	SOBRINO
HERMANO	TÍA
MARIDO	TÍO

53 - Férias #2

```
O S R W U C F O T O S L M R
C J N E W I J W S A T W O J
I R D E S V D A Z A X Y N C
O E Y B R E I S L A P I T D
E S S J K Q R K C F L V A E
X T M P F E M V Z W A I Ñ S
T A C A R P A I A A Y S A T
R U J S P V R A Q S A A S I
A R Q A Z A P J L A X S P N
N A Í P V U A E H O T E L O
J N P O A E R O P U E R T O
E T T R A N S P O R T E W D
R E W T X K G E N T Q A E U
O C G E V A C A C I O N E S
```

AEROPUERTO
DESTINO
EXTRANJERO
VACACIONES
FOTOS
HOTEL
ISLA
OCIO
MAPA
MAR

MONTAÑAS
PASAPORTE
PLAYA
RESERVAS
RESTAURANTE
TAXI
CARPA
TRANSPORTE
VIAJE
VISA

54 - Edifícios

```
F G C E P H O S P I T A L R
G Á A A H P M U S E O E Q X
P G B R R A V P T E A T R O
S B I R A P G E P G E R L A
H U L R I J A R M W S F A P
O K G A X C E M T N T C B A
T H I K H B A E O C A Y O R
E S C U E L A R R A D C R T
L G R A N J A C R S I I A A
B S W R N L L A E T O N T M
N Í A E C Y B D F I Z E O E
Í Í M D U B G O P L Q W R N
O G R A N E R O S L O G I T
E M B A J A D A N O S E O O
```

APARTAMENTO	GARAJE
CASTILLO	HOSPITAL
GRANERO	HOTEL
CINE	LABORATORIO
EMBAJADA	MUSEO
ESCUELA	SUPERMERCADO
ESTADIO	TEATRO
GRANJA	CARPA
FÁBRICA	TORRE

55 - Ferramentas de Cozinha

```
T E N E D O R T N V N X T R
C I P T O S T A D O R A E X
M O J J F X Q P Í X H D R A
L N L E Z Í E A B D I X M C
C C F A R A L L A D O R Ó U
V A A H D A E S T U F A M C
W W L M R O S N I B O W E H
L O U D U U R Q D Í Í B T I
H E M V E B C U O V L L R L
O C U B E R T E R Í A O O L
R I C U C H A R A W H Q Í O
N R E F R I G E R A D O R M
O E X P R I M I D O R V F X
E S P Á T U L A N J R F P A
```

CALDERA
COLADOR
CUCHARA
ESPÁTULA
EXPRIMIDOR
CUCHILLO
ESTUFA
HORNO
TENEDOR

REFRIGERADOR
BATIDORA
RALLADOR
CUBERTERÍA
TAPA
TERMÓMETRO
TIJERAS
TOSTADORA

56 - Xadrez

```
A  P  F  P  S  X  R  Y  N  S  U  V  D  Y
Y  M  S  L  U  A  Y  A  H  S  O  S  I  E
R  Q  N  F  T  N  C  Q  G  R  I  B  A  C
V  B  L  M  C  I  T  R  E  I  N  A  G  A
A  D  C  V  Í  F  E  O  I  T  N  O  O  M
C  N  E  G  R  O  M  M  S  F  V  T  N  P
O  P  O  N  E  N  T  E  P  F  I  H  A  E
N  Z  K  F  Y  P  E  K  N  O  Y  C  L  Ó
C  J  U  G  A  D  O  R  R  R  L  O  I  N
U  H  I  E  S  T  R  A  T  E  G  I  A  O
R  J  U  E  G  O  L  J  O  G  V  R  H  R
S  P  A  S  I  V  O  H  B  L  A  N  C  O
O  A  P  R  E  N  D  E  R  A  L  D  G  M
T  O  R  N  E  O  J  Q  F  S  Í  K  W  P
```

APRENDER	PASIVO
BLANCO	PUNTOS
CAMPEÓN	NEGRO
CONCURSO	REINA
DIAGONAL	REGLAS
ESTRATEGIA	REY
JUGADOR	SACRIFICIO
JUEGO	TIEMPO
OPONENTE	TORNEO

57 - Aventura

```
Y  A  C  T  I  V  I  D  A  D  X  Í  S  L
N  A  V  E  G  A  C  I  Ó  N  D  K  N  A
E  E  Q  O  D  Q  M  F  T  J  C  H  E  M
S  T  D  B  P  E  L  I  G  R  O  S  O  I
B  E  Z  Y  Z  R  D  C  Y  W  H  D  G  G
I  E  G  H  E  N  T  U  S  I  A  S  M  O
T  N  L  U  Í  X  N  L  N  D  A  V  V  S
T  J  U  L  R  E  E  T  U  E  L  I  A  D
J  S  V  S  E  I  J  A  E  S  E  A  L  T
Y  Q  X  L  U  Z  D  D  V  T  G  J  E  D
P  H  C  S  H  A  A  A  O  I  R  E  N  M
P  G  T  X  R  B  L  B  D  N  Í  S  T  J
E  X  C  U  R  S  I  Ó  N  O  A  V  Í  G
S  O  R  P  R  E  N  D  E  N  T  E  A  V
```

ALEGRÍA	EXCURSIÓN
AMIGOS	INUSUAL
ACTIVIDAD	NAVEGACIÓN
BELLEZA	NUEVO
VALENTÍA	PELIGROSO
DESTINO	SEGURIDAD
DIFICULTAD	SORPRENDENTE
ENTUSIASMO	VIAJES

58 - Floresta Tropical

```
P  C  W  P  J  O  O  E  E  D  M  M  J  P
Y  Á  L  V  W  W  Í  C  S  I  A  U  V  R
N  G  J  I  R  N  V  O  P  V  M  S  N  E
I  N  S  A  M  M  Y  M  E  E  Í  G  A  S
V  N  L  F  R  A  S  U  C  R  F  O  T  E
J  U  S  O  P  O  Y  N  I  S  E  S  U  R
H  B  Q  E  D  I  S  I  E  I  R  R  R  V
A  E  J  B  C  B  D  D  R  D  O  E  A  A
P  S  Q  J  Y  T  O  A  N  A  S  F  L  C
S  E  L  V  A  A  O  D  K  D  C  U  E  I
R  E  S  P  E  T  O  S  N  R  Z  G  Z  Ó
S  U  P  E  R  V  I  V  E  N  C  I  A  N
A  N  F  I  B  I  O  S  W  R  R  O  F  C
N  Z  R  E  S  T  A  U  R  A  C  I  Ó  N
```

ANFIBIOS
CLIMA
COMUNIDAD
DIVERSIDAD
ESPECIE
INSECTOS
MAMÍFEROS
MUSGO
NATURALEZA

NUBES
PÁJAROS
PRESERVACIÓN
REFUGIO
RESPETO
RESTAURACIÓN
SELVA
SUPERVIVENCIA

59 - Cidade

```
A R Q Q H U T G Í N N B K H
U E J F J M E S T A D I O O
N S R L S S A L Ó N L B M T
I T N O U M T F L S X L U E
V A O R P G R C I N E I S L
E U I I E U O Z Z N S O E Z
R R C S R M E I O L C T O L
S A H T M O E R O I U E R I
I N U A E H K R T T E C Q B
D T P W R B A N C O L A J R
A E I P C T M S O A A G C E
D M X G A L E R Í A D T M R
P A N A D E R Í A Í I O M Í
U K X F O F A R M A C I A A
```

AEROPUERTO	ZOO
BANCO	LIBRERÍA
BIBLIOTECA	MERCADO
CINE	MUSEO
ESCUELA	PANADERÍA
ESTADIO	RESTAURANTE
FARMACIA	SALÓN
FLORISTA	SUPERMERCADO
GALERÍA	TEATRO
HOTEL	UNIVERSIDAD

60 - Matemática

```
P  T  G  D  V  O  L  U  M  E  N  X  O  G
O  R  D  E  J  S  U  M  A  F  Y  P  J  M
L  I  I  C  O  I  O  E  O  Y  N  E  M  T
Í  Á  Á  I  Z  M  C  S  U  I  E  R  B  E
G  N  M  M  D  E  E  K  V  D  W  Í  I  X
O  G  E  A  D  T  Z  T  F  B  E  M  X  P
N  U  T  L  J  R  P  A  R  A  L  E  L  O
O  L  R  O  R  Í  P  T  A  Í  X  T  F  N
Q  O  O  J  Í  A  W  Q  C  R  A  R  P  E
C  U  A  D  R  A  D  O  C  S  A  O  E  N
Á  N  G  U  L  O  S  E  I  N  I  D  N  T
E  C  U  A  C  I  Ó  N  Ó  Z  F  I  I  E
S  P  J  R  E  C  T  Á  N  G  U  L  O  O
A  R  I  T  M  É  T  I  C  A  Z  R  Y  N
```

ARITMÉTICA	PERÍMETRO
ÁNGULOS	POLÍGONO
DECIMAL	CUADRADO
DIÁMETRO	RADIO
ECUACIÓN	RECTÁNGULO
EXPONENTE	SIMETRÍA
FRACCIÓN	SUMA
GEOMETRÍA	TRIÁNGULO
PARALELO	VOLUMEN

61 - Natureza

```
S  A  L  V  A  J  E  B  F  H  L  X  P  G
H  Y  P  C  Z  A  T  R  O  P  I  C  A  L
N  U  B  E  S  B  V  P  L  S  U  D  C  A
A  I  G  V  A  E  I  B  L  Í  G  Z  Í  C
N  D  E  H  Q  J  T  E  A  M  Í  X  F  I
I  E  F  B  D  A  A  Z  J  J  S  J  I  A
M  S  C  O  L  S  L  F  E  U  L  D  C  R
A  I  S  S  A  N  T  U  A  R  I  O  R  R
L  E  E  Q  Y  I  N  Y  T  A  E  N  N  Í
E  R  R  U  S  N  U  J  H  X  F  Á  C  O
S  T  E  E  Z  Q  Y  E  I  N  U  M  Z  Y
V  O  N  E  R  O  S  I  Ó  N  G  I  M  I
Z  N  O  B  E  L  L  E  Z  A  I  C  I  I
Í  L  K  K  Á  R  T  I  C  O  O  O  N  R
```

ABEJAS	GLACIAR
REFUGIO	NIEBLA
ANIMALES	NUBES
ÁRTICO	PACÍFICO
BELLEZA	RÍO
DESIERTO	SANTUARIO
DINÁMICO	SALVAJE
EROSIÓN	SERENO
BOSQUE	TROPICAL
FOLLAJE	VITAL

62 - Preencher

```
P C Í S O X T H G A N B H S
M A L E T A A T E Z E O Z O
B U Q Í L U C U B O E T P B
S C T U H X A B S O A E T R
E A U M E H R O A Y Z L H E
X J O E C T P Y J R E L Í W
Z Ó B A N D E J A T R A K N
Í N J N K C T A R R O I H C
C E S T A I A B R B W H L U
B O L S I L L O Ó Z G M W O
C Q U B Y I K Í N X X X G N
A G P W Y R D P J S I I Í V
J D H J G M L J Í Z A F Q X
A X D F B O L S A P M Q Í V
```

CUENCA   CAJÓN
CUBO   TARRO
BANDEJA   MALETA
BARRIL   PAQUETE
BOLSILLO   CARPETA
CAJA   BOLSA
CESTA   TUBO
SOBRE   JARRÓN
BOTELLA

63 - Animais de Estimação

```
Z  M  S  Y  Z  X  U  L  C  D  X  Z  A  N
C  A  C  H  O  R  R  O  A  A  B  E  K  A
J  W  L  B  U  H  A  R  Z  G  B  T  T  M
Í  I  J  O  Z  Á  T  O  D  G  A  R  G  W
O  X  C  U  Í  M  Ó  B  F  X  K  R  A  H
G  A  R  R  A  S  N  R  L  A  P  T  T  L
C  A  P  D  E  T  M  W  W  A  E  O  I  O
B  A  X  B  T  E  K  P  J  B  S  R  T  P
M  E  J  Í  X  R  A  G  U  A  C  T  O  Y
Z  J  Í  D  K  B  K  A  N  S  A  U  K  U
C  O  N  E  J  O  C  T  D  I  D  G  J  O
P  E  R  R  O  A  O  O  X  R  O  A  G  I
A  C  O  L  L  A  R  X  L  G  X  T  Y  H
V  A  C  A  J  S  D  L  A  A  F  I  Q  S
```

AGUA	GATO
CABRA	HÁMSTER
CACHORRO	LAGARTO
COLA	RATÓN
PERRO	LORO
CONEJO	PESCADO
COLLAR	TORTUGA
GARRAS	VACA
GATITO	

64 - Escalada

```
Í A K X X F Y F T J Q N S W
A C U E V A V U F D S G S Z
T L A N H A Y E X P E R T O
E X T S P T E R R E Í U Í R
R O M I C S D Z B O X N P G
R C Ó Y T O S A O N J T C I
E G S T G U A N T E S P C N
N Z F A U E D M A P A W W M
O Z E I Í G O Q S D Y D M A
I E R K A E S T R E C H O S
H D A E S T A B I L I D A D
F Í S I C O R J R Y A Z H P
S E N D E R I S M O M R M Í
C U R I O S I D A D S T U O
```

ALTITUD	ESTABILIDAD
ATMÓSFERA	ESTRECHO
BOTAS	FÍSICO
SENDERISMO	FUERZA
CASCO	GUÍAS
CUEVA	GUANTES
CURIOSIDAD	MAPA
EXPERTO	TERRENO

65 - Aviões

```
H G L D P D L P I L O T O M
I M D E G L O B O N T W F R
D S A S R U V M S N F L Y Z
R P M C P A H B D W M L O D
Ó A T E R R I Z A J E V A I
G S K N X U S Í L A E Q L R
E A P S Q D T L T T A E T E
N J V O I H O J I M T A U C
O E C E H G R U T Ó X Í R C
D R G E N B I L U S C V A I
Í O H Z W T A B D F H X I Ó
M O T O R M U P K E Y G R N
V W Y Q C J M R H R J F E U
C I E L O U B P A A Q K B W
```

ALTITUD
ALTURA
AIRE
ATERRIZAJE
ATMÓSFERA
AVENTURA
GLOBO
CIELO

DESCENSO
DIRECCIÓN
HIDRÓGENO
HISTORIA
INFLAR
MOTOR
PASAJERO
PILOTO

66 - Tipos de Cabelo

```
E  Z  A  D  L  G  T  Z  K  P  T  M  P  T
P  Z  B  E  A  R  R  I  Z  O  S  E  L  R
C  M  C  L  R  U  B  I  O  D  Q  P  A  E
H  K  D  G  G  E  R  A  S  L  O  B  T  N
Í  V  G  A  O  S  I  P  O  W  F  I  A  Z
T  T  F  D  C  O  L  O  R  E  A  D  O  A
D  R  P  A  C  N  L  V  M  B  D  D  F  S
K  I  E  H  Q  D  A  B  L  A  N  C  O  X
Í  Z  C  N  X  U  N  S  E  Z  R  Y  M  N
Z  A  Í  E  Z  L  T  E  B  S  Í  R  C  V
F  D  K  G  N  A  E  C  Z  U  M  Z  Ó  W
F  O  U  R  O  D  D  O  C  A  L  V  O  N
U  F  Í  O  S  O  A  O  T  V  M  C  L  C
S  A  L  U  D  A  B  L  E  E  R  S  E  E
```

BLANCO	LARGO
BRILLANTE	MARRÓN
RIZOS	ONDULADO
CALVO	PLATA
GRIS	NEGRO
COLOREADO	SALUDABLE
RIZADO	SECO
DELGADA	SUAVE
GRUESO	TRENZADO
RUBIO	TRENZAS

67 - Formas

```
L  L  G  X  Í  H  G  Í  R  P  L  O  P  X
P  I  R  Á  M  I  D  E  E  X  Í  X  S  F
M  O  K  R  K  P  T  L  C  O  N  O  N  W
M  W  L  Q  U  É  C  I  T  Z  E  J  U  A
E  I  N  Í  F  R  I  P  Á  S  A  A  M  X
A  S  Y  T  G  B  L  S  N  C  C  U  B  O
C  T  F  V  X  O  I  E  G  Í  U  Í  X  R
B  J  R  E  O  L  N  F  U  R  A  R  C  O
B  G  T  N  R  A  D  O  L  C  D  K  V  V
U  D  R  F  E  A  R  K  O  U  R  O  S  A
P  R  I  S  M  A  O  E  V  L  A  D  O  L
E  S  Q  U  I  N  A  O  S  O  D  T  W  Y
B  T  R  I  Á  N  G  U  L  O  O  Í  A  R
C  K  S  L  X  D  W  X  H  X  C  I  A  D
```

ARCO	LADO
ESQUINA	LÍNEA
CILINDRO	OVAL
CÍRCULO	PIRÁMIDE
CONO	POLÍGONO
CUBO	PRISMA
CURVA	CUADRADO
ELIPSE	RECTÁNGULO
ESFERA	TRIÁNGULO
HIPÉRBOLA	

68 - Dias e Meses

```
I  S  C  A  B  R  I  L  A  C  B  K  O  N
S  E  K  Ñ  J  U  E  V  E  S  X  B  F  O
J  M  D  O  M  I  N  G  O  N  Z  Z  E  V
C  A  L  E  N  D  A  R  I  O  J  V  B  I
D  N  Z  J  V  B  Q  O  C  T  U  B  R  E
I  A  N  T  U  I  P  S  A  W  Z  N  E  M
C  W  O  R  O  L  E  E  N  E  R  O  R  B
I  J  U  N  I  O  I  R  D  F  M  L  O  R
E  A  G  O  S  T  O  O  N  N  B  U  C  E
M  N  G  V  D  M  E  S  I  E  O  N  J  Q
B  B  T  W  J  M  A  R  T  E  S  E  M  F
R  S  E  P  T  I  E  M  B  R  E  S  Q  R
E  I  Y  F  Í  I  B  O  F  L  Z  L  E  W
Í  M  M  X  S  Á  B  A  D  O  G  M  D  A
```

ABRIL	MES
AGOSTO	NOVIEMBRE
AÑO	OCTUBRE
CALENDARIO	JUEVES
DICIEMBRE	SÁBADO
DOMINGO	LUNES
FEBRERO	SEMANA
ENERO	SEPTIEMBRE
JULIO	VIERNES
JUNIO	MARTES

69 - Geografia

```
X  S  I  G  A  C  A  C  G  F  B  I  H  U
F  P  Q  T  Y  O  B  I  T  A  U  V  Í  Y
N  O  A  B  T  N  W  U  G  T  Í  M  Z  T
T  L  A  T  I  T  U  D  H  L  W  D  B  Y
N  N  G  Z  F  I  N  A  Q  A  L  P  N  E
J  O  C  É  A  N  O  D  L  S  P  A  Í  S
M  A  R  Í  O  E  M  A  P  A  N  Y  L  Q
O  L  N  T  Q  N  N  A  H  C  F  D  P  X
N  T  R  O  E  T  V  M  I  K  S  T  W  N
T  I  B  E  H  E  M  I  S  F  E  R  I  O
A  T  I  S  G  Z  I  A  L  S  D  D  Y  K
Ñ  U  Y  T  S  I  S  L  A  M  U  N  D  O
A  D  A  E  K  K  Ó  X  P  B  T  R  B  A
M  E  R  I  D  I  A  N  O  O  Z  B  I  K
```

ALTITUD	MONTAÑA
ATLAS	MUNDO
CIUDAD	NORTE
CONTINENTE	OCÉANO
HEMISFERIO	OESTE
ISLA	PAÍS
LATITUD	REGIÓN
MAPA	RÍO
MAR	SUR
MERIDIANO	

70 - Antártica

```
G M T A G E B A G U A T H I
G L I G Í C S A H E N U I S
E E A G B O H I L E Y C E L
O N P C R I O L C L S M L A
G S S I I A P C L U E I O S
R E B E Í A C T W M X N C Y
A N A N A N R I W L P E A U
F A H T M X R E Ó H E R T S
Í D Í Í E E Y P S N D A J Y
A A A F R O C O S O I L L Y
R Y B I Z W C I A K C E T N
O J V C Y W I D K H I S K Q
D C N O E C X L H W Ó V Y R
C O N T I N E N T E N L L F
```

AGUA

BAHÍA

BALLENAS

CIENTÍFICO

CONTINENTE

ENSENADA

EXPEDICIÓN

GLACIARES

HIELO

GEOGRAFÍA

ISLAS

MIGRACIÓN

MINERALES

ROCOSO

71 - Flores

```
W H I B I S C O V R M G Q P
T R É B O L A M A P O L A E
P Q O F A I L T Q A R A G O
L Y Z S G R É U B G Q V I N
U Y H J A I N L Q M U A R Í
M M S D R O D I B I Í N A A
E A A R D V U P O R D D S A
R R C P E T L Á É H E A O J
I G M L N C A N C T A P L X
A A V G I B W P D Í A L N F
K R H I A L D X S U Y L M M
A I R A M O A Í J A U G O D
W T U M A G N O L I A O D J
N A R C I S O J A Z M Í N O
```

RAMO
CALÉNDULA
GARDENIA
GIRASOL
HIBISCO
JAZMÍN
LAVANDA
LILA
LIRIO
MAGNOLIA

MARGARITA
NARCISO
ORQUÍDEA
AMAPOLA
PEONÍA
PÉTALO
PLUMERIA
ROSA
TRÉBOL
TULIPÁN

72 - Fazenda #1

```
W E L P Z A F C M P V A C A
V M K O D E T A T I E A I R
A F J L C N Z B K O E R V A
L B F L E W G R P O Z L R R
L C E O N I N A J A G U A O
A U G J G C E R D O Y U Í R
O E D C A B A L L O L F R N
F R V A T T E R N E R O O Q
C V X M O D K H A T E S O K
V O B P H E N O R H B M G C
I Y U O Z Q P I R F A D F F
Z X R N S J Í C O Q Ñ N S U
J F R T G S I Q Z D O Y C Í
O O O A G R I C U L T U R A
```

ABEJA
AGRICULTURA
ARROZ
AGUA
TERNERO
BURRO
CABRA
CAMPO
CABALLO
PERRO

VALLA
CUERVO
HENO
POLLO
GATO
MIEL
CERDO
REBAÑO
VACA

73 - Livros

```
E  C  P  S  E  R  I  E  R  C  R  T  L  H
H  I  O  Á  T  E  V  D  P  O  I  R  I  I
P  I  R  L  G  P  U  G  O  N  A  Á  T  S
A  C  S  P  E  I  U  P  E  T  V  G  E  T
P  L  L  T  W  C  N  P  S  E  E  I  R  Ó
F  J  Í  Q  O  J  C  A  Í  X  N  C  A  R
F  Y  B  F  N  R  X  I  A  T  T  O  R  I
N  O  V  E  L  A  I  H  Ó  O  U  L  I  C
E  S  C  R  I  T  O  A  A  N  R  E  O  O
P  E  R  T  I  N  E  N  T  E  A  C  Z  E
Í  P  O  E  M  A  I  U  K  J  U  T  M  S
G  E  P  O  P  E  Y  A  J  S  T  O  Y  L
M  A  I  N  V  E  N  T  I  V  O  R  E  Y
F  O  U  N  A  R  R  A  D  O  R  P  D  L
```

AUTOR	LITERARIO
AVENTURA	NARRADOR
COLECCIÓN	PÁGINA
CONTEXTO	POEMA
ESCRITO	POESÍA
EPOPEYA	PERTINENTE
HISTORIA	NOVELA
HISTÓRICO	SERIE
INVENTIVO	TRÁGICO
LECTOR	

74 - Chocolate

```
I N S P Q B V E C P U C A A
A N T Í G P K X A O A A R Z
N C G D U L C E L L M C T Ú
T C A R A M E L O V A A E C
I A R E E L C B R O R H S A
O L O C K D P W Í L G U A R
X I M E D H I O A G O E N W
I D A T O S E E S U W T A X
D A G A N Z Q X N S A E L C
A D C A C A O Ó A T I S T K
N C O C O F Í T D O E I N Z
T R L W D E L I C I O S O B
E U P Í X A Í C S A B O R J
D B D F F A V O R I T O P S
```

AZÚCAR	DELICIOSO
AMARGO	DULCE
CACAHUETES	EXÓTICO
ANTIOXIDANTE	FAVORITO
AROMA	GUSTO
ARTESANAL	INGREDIENTE
CACAO	POLVO
CALORÍAS	CALIDAD
CARAMELO	RECETA
COCO	SABOR

75 - Profissões #2

```
A  G  R  I  C  U  L  T  O  R  B  Y  S  B
P  I  N  O  F  I  L  M  É  D  I  C  O  I
I  N  G  E  N  I  E  R  O  D  Ó  P  S  B
N  Y  K  T  J  K  L  F  L  A  L  I  K  L
T  P  F  M  L  Q  I  Ó  R  R  O  L  O  I
O  E  W  E  G  S  H  N  S  I  G  O  C  O
R  R  Z  O  Ó  L  O  G  O  O  O  T  I  T
L  I  N  G  Ü  I  S  T  A  R  F  O  R  E
O  O  F  O  T  Ó  G  R  A  F  O  O  U  C
Y  D  A  S  T  R  O  N  A  U  T  A  J  A
V  I  L  U  S  T  R  A  D  O  R  O  A  R
U  S  E  C  D  E  N  T  I  S  T  A  N  I
P  T  J  A  R  D  I  N  E  R  O  Y  O  O
I  A  I  N  V  E  S  T  I  G  A  D  O  R
```

AGRICULTOR	ILUSTRADOR
ASTRONAUTA	INVESTIGADOR
BIBLIOTECARIO	JARDINERO
BIÓLOGO	PERIODISTA
CIRUJANO	LINGÜISTA
DENTISTA	MÉDICO
INGENIERO	PILOTO
FILÓSOFO	PINTOR
FOTÓGRAFO	ZOÓLOGO

76 - Fazenda #2

```
A N I M A L E S F J M M Í P
X D F V M B N Q W R X N R O
J G J F P E T V F L U P P C
L N X G R A N E R O P T V E
C O B P A S T O R D A P A B
O O T R D Z V E G E T A L A
R V L W O Q J H T Y O N J D
I Í E M A Í Z U K O T H A A
E J T J E H N E M A D U R O
G L B Y A N T R A C T O R Q
O L O B I M A T R I G O E F
D A Í Q Q H C O R D E R O Z
A M L E C H E Q G Z O Q N N
R A G R I C U L T O R D G N
```

AGRICULTOR   MADURO
ANIMALES   MAÍZ
GRANERO   OVEJA
CEBADA   PASTOR
COLMENA   PATO
CORDERO   HUERTO
FRUTA   PRADO
RIEGO   TRACTOR
LECHE   TRIGO
LLAMA   VEGETAL

77 - Jardim

```
H C T L V N J T E R R A Z A
I A R D S R J R F C A R I Q
E J A R D Í N S G T S B W A
R X M A N G U E R A T U B S
B L P W U Y L G O X R S A O
A M O H S G V I D Í I T N I
L N L S P A L A Y O L O C Z
P V Í R Á R B O L N L U O H
Í O N V I A B R Z L O L S Y
S A R V Q J F Í R I A D X Í
Z U Y C G E U C É S P E D K
O W E E H U E R T O F L O R
Y J U L T E H A M A C A U A
E D Q K O E S T A N Q U E T
```

RASTRILLO

ARBUSTO

ÁRBOL

BANCO

VALLA

FLOR

GARAJE

HIERBA

CÉSPED

JARDÍN

ESTANQUE

HAMACA

MANGUERA

PALA

HUERTO

SUELO

TERRAZA

TRAMPOLÍN

PORCHE

VID

78 - Oceano

```
P H C W A L O N C C Q M T C
D U D A T X S B A R C O O A
U A L M Ú A T X M F C V R N
U R O P N Y R Í A M Z O M G
P R P C O R A L R T Z G E R
M E D U S A I H Ó N Y E N E
S C S H U E Q E N J D S T J
H I F C B A L L E N A P A O
U F I M A R E A S C L O N L
I E V L F D E L F Í N N G X
J Z W G U G O G C V P J U J
T O R T U G A A O X O A I R
Í O T I B U R Ó N B Y Í L M
Í W P A W Z J Y O E E B A P
```

ALGA
ATÚN
BALLENA
BARCO
CAMARÓN
CANGREJO
CORAL
ANGUILA
ESPONJA
DELFÍN

MAREAS
MEDUSA
OSTRA
PESCADO
PULPO
ARRECIFE
SAL
TORTUGA
TORMENTA
TIBURÓN

79 - Profissões #1

```
C F O N T A N E R O G K P M
A C C A S T R Ó N O M O S A
R P I A N I S T A J J D I R
T K M E Z E N R I Z S F C I
Ó T Ú M N A H R C S T P Ó N
G E S B V T D Y C J T B L E
R D I A G B Í O B E G A O R
A I C J S R J F R R E I G O
F T O A C Z O Í I F Ó L O T
O O D D L O Y E P C L A T Y
H R B O M B E R O G O R D Í
U I P R S U R P Y G G Í I L
Y M X X A B O G A D O N J D
K T Z A D W B A N Q U E R O
```

ABOGADO
ARTISTA
ASTRÓNOMO
BANQUERO
BOMBERO
CAZADOR
CARTÓGRAFO
CIENTÍFICO
BAILARÍN

EDITOR
EMBAJADOR
FONTANERO
GEÓLOGO
JOYERO
MARINERO
MÚSICO
PIANISTA
PSICÓLOGO

80 - Campeonato

```
F  V  R  E  Y  I  C  Í  D  C  M  M  E  D
I  I  E  M  E  D  A  L  L  A  O  L  S  E
N  C  S  D  O  S  M  Z  P  M  T  I  T  P
A  T  I  F  T  R  P  Q  L  P  I  G  R  O
L  O  S  F  X  E  E  Z  Í  E  V  A  A  R
I  R  T  E  K  N  O  O  Í  Ó  A  P  T  T
S  I  E  I  W  D  N  C  H  N  C  Z  E  E
T  A  N  Q  J  I  A  Z  D  Q  I  I  G  S
A  D  C  N  U  M  T  C  N  O  Ó  P  I  C
W  S  I  W  E  I  O  W  I  E  N  P  A  M
Y  H  A  Y  Z  E  P  H  B  F  T  K  I  F
P  D  T  O  R  N  E  O  I  Q  S  X  I  Í
G  J  N  E  N  T  R  E  N  A  D  O  R  O
L  J  U  E  G  O  S  L  S  M  E  D  O  Í
```

CAMPEÓN	JUEZ
CAMPEONATO	LIGA
RENDIMIENTO	MEDALLA
EQUIPO	MOTIVACIÓN
DEPORTES	RESISTENCIA
ESTRATEGIA	TORNEO
FINALISTA	ENTRENADOR
JUEGOS	VICTORIA

81 - Castelos

```
U N I C O R N I O Q P D A Y
B K V C A B A L L E R O F P
P A R E D R A G Ó N I R Í D
I F E U D A L A P S N N T J
L M S K L Í P R Í N C I P E
X U P A L A C I O C E R F S
B Q A E N L I L D A S E O C
L Q D F R O Z L F T A I R U
O Y A E D I B H O A I N T D
X T O V V I O L L P A O A O
C O R O N A Y X E U C G L G
A R M A D U R A O L B M E V
N R J G D I N A S T Í A Z N
Z E C A B A L L O A V Y A Y
```

ARMADURA
CATAPULTA
CABALLERO
CABALLO
CORONA
DINASTÍA
DRAGÓN
ESCUDO
ESPADA
FEUDAL

FORTALEZA
IMPERIO
NOBLE
PALACIO
PARED
PRINCESA
PRÍNCIPE
REINO
TORRE
UNICORNIO

82 - Escola # 2

```
C O P R O F E S O R M N J N
A L R S U M I N I S T R O S
L I D D V B O V P A P E L B
E B A L E S J C W O F G E I
N R C N Á N W K H A Q S C B
D O T S O P A M S I B A T L
A S I D G J I D R Z L C U I
R C V S U H N Z O I E A R O
I H I J M R Q C O R B D A T
O E D U C A C I Ó N X É O E
D M A E C I E N C I A M Í C
M A D G G G R A M Á T I C A
N B E O T I J E R A S C V T
W T S S I A C U D X N O Í G
```

ACADÉMICO
ACTIVIDADES
BIBLIOTECA
CALENDARIO
CIENCIA
ORDENADOR
EDUCACIÓN
GRAMÁTICA
JUEGOS

LÁPIZ
LECTURA
LIBROS
MOCHILA
PAPEL
PROFESOR
SUMINISTROS
TIJERAS

83 - Abelhas

```
P K U M O N D H A T W N P C
K O V E A C C Á T S B B L O
Y M E N J A M B R E O U A L
X K C E R A A I Q X R L N M
F L O R E S L T E W V H T E
R L S V Y H A A F L O R A N
U Z I R R J S T F Y L X S A
T S S N D I E K V A K S K F
A U T G S R E I N A W W B U
I Y E T I E G J N P O L E N
H U M O H I C B O O Í X T U
K J A R D Í N T T Q V F P S
B E N E F I C I O S O K Q U
N A D I V E R S I D A D S L
```

ALAS	HUMO
BENEFICIOSO	HÁBITAT
CERA	INSECTO
COLMENA	JARDÍN
DIVERSIDAD	MIEL
ECOSISTEMA	PLANTAS
ENJAMBRE	POLEN
FLOR	REINA
FLORES	SOL
FRUTA	

84 - Banheiro

```
U  R  A  Z  F  I  B  R  Í  E  U  E  L  S
X  T  F  S  I  D  U  C  H  A  W  M  O  A
U  M  V  G  Q  S  R  T  R  G  S  Í  C  L
J  R  A  X  Q  L  B  I  O  U  I  M  I  F
J  A  J  W  I  E  U  J  Z  A  V  S  Ó  O
I  S  B  U  D  P  J  E  L  E  L  Í  N  M
G  D  A  Ó  L  E  A  R  A  A  Q  L  G  B
I  G  Ñ  J  N  R  S  A  H  M  J  G  A  R
A  R  O  T  K  F  C  S  Z  R  Í  R  C  A
V  N  F  D  X  U  L  V  P  V  X  I  W  J
N  P  Z  X  S  M  I  A  J  R  N  F  X  U
B  M  B  T  R  E  S  P  E  J  O  O  E  J
N  P  W  W  E  S  P  O  N  J  A  S  H  W
C  H  A  M  P  Ú  T  R  A  S  E  O  L  L
```

AGUA
ASEO
BAÑO
BURBUJAS
DUCHA
ESPEJO
ESPONJA
LOCIÓN

PERFUME
JABÓN
ALFOMBRA
TIJERAS
TOALLA
GRIFO
VAPOR
CHAMPÚ

85 - Ciência

```
F  C  L  I  M  A  H  D  S  Q  Z  Y  O  O
M  Ó  L  A  O  R  G  A  N  I  S  M  O  B
S  É  S  K  B  H  P  T  G  N  Y  Q  T  S
H  O  T  I  N  O  A  O  I  H  O  U  Í  E
O  P  N  O  L  I  R  S  S  X  Z  Í  B  R
M  L  A  I  D  T  T  A  Á  D  H  M  H  V
O  A  T  Y  T  O  Í  D  T  G  O  I  E  A
L  N  U  Y  R  B  C  Z  O  O  F  C  C  C
É  T  R  V  Q  R  U  N  M  I  R  O  H  I
C  A  A  R  U  N  L  Y  O  Y  C  I  O  Ó
U  S  L  N  G  R  A  V  E  D  A  D  O  N
L  M  E  C  F  O  S  F  Í  S  I  C  A  P
A  N  Z  M  I  N  E  R  A  L  E  S  R  W
S  O  A  C  I  E  N  T  Í  F  I  C  O  A
```

ÁTOMO	MÉTODO
CIENTÍFICO	MINERALES
CLIMA	MOLÉCULAS
DATOS	NATURALEZA
HECHO	OBSERVACIÓN
FÍSICA	ORGANISMO
FÓSIL	PARTÍCULAS
GRAVEDAD	PLANTAS
LABORATORIO	QUÍMICO

86 - Cores

```
R T O J V L X G H P X N N V
O O I B E I G E J R B D A C
S K J Í R Í T R D J L Í R I
A J X O D P M P I I A Y A A
M K G B E Ú N R Y S N O N N
A X O M A R R Ó N E C F J E
R T K O Z P C H N P O U A G
I V V C U U A I B I P C Í R
L V I A L R M G Y A Z S X O
L U O R M A G E N T A I P B
O Y L M W L K G K C L A O F
W I E E Z N V O M V S H X C
L Í T S C I R J P C M U K W
N W A Í Q T S X G Í R M P X
```

AMARILLO
AZUL
BEIGE
BLANCO
CARMESÍ
CIAN
GRIS
FUCSIA
NARANJA

MAGENTA
MARRÓN
NEGRO
ROSA
PÚRPURA
SEPIA
VERDE
ROJO
VIOLETA

87 - Comida #1

```
A A C E B A D A J L I M Ó N
L T L V Q N D E U O E N C K
B Ú C B Q M A C G Q Q C I R
A N A E A F S B O N W G H A
H G N S M R G B O M A N Í E
A W E P M E I P A S T E L A
C F L I W S C C J Z W Q K Z
A S A N B A L P O S Y F E Ú
C O R A U B S B V Q D R S C
K P H C E B O L L A U F A A
N A Z A N A H O R I A E L R
W D S S T X R F D C F W M M
Z J H J A P T P V X H L H Q
D R Y T K E N S A L A D A T
```

AZÚCAR	ESPINACAS
AJO	LECHE
MANÍ	LIMÓN
ATÚN	ALBAHACA
PASTEL	FRESA
CANELA	NABO
CEBOLLA	SAL
ZANAHORIA	ENSALADA
CEBADA	SOPA
ALBARICOQUE	JUGO

88 - Pássaros

```
G C Z D I T P A T O D D C Á
A U P U G N F I Z S C M I G
R C I V P A D L N W I L S U
Z O A E M T N L A G G G N I
A T U C Á N H S Q M Ü O E L
A V E S T R U Z O P E I E A
P A L O M A E P A A Ñ N N B
N F R W Y N V E B V A X C O
D Y M R V R O L E O T Y T O
G O R R I Ó N Í F R F X C P
I L O I G S D C U E R V O O
X P U X N W O A I A M S N L
S I L M U K D N I L O R O L
G A V I O T A O T T Y Z L O
```

AVESTRUZ
ÁGUILA
CIGÜEÑA
CISNE
CUERVO
CUCO
FLAMENCO
POLLO
GAVIOTA
GANSO

GARZA
HUEVO
LORO
GORRIÓN
PATO
PAVO REAL
PELÍCANO
PINGÜINO
PALOMA
TUCÁN

89 - Virtudes #1

```
E D P E N C A N T A D O R I
R E A A P A S I O N A D O N
B C C A C J P M A C L Í G T
I I I R Í U P A L S I J E E
E S E T Ú E R G A Q M O N L
N I N Í T A Á I P I P E E I
P V T S I Z C N O I I E R G
B O E T L P T A Z S O M O E
O E Y I A Z I T W V O O S N
Y O G C Z Z C I O E S D O T
D A E O L P O V P Y C E C E
S A B I O H B O C V V S H A
E F I C I E N T E X W T B O
G R A C I O S O D Q L O X J
```

APASIONADO
ARTÍSTICO
BIEN
CURIOSO
DECISIVO
EFICIENTE
ENCANTADOR
GRACIOSO
GENEROSO

IMAGINATIVO
INTELIGENTE
LIMPIO
MODESTO
PACIENTE
PRÁCTICO
SABIO
ÚTIL

90 - Literatura

```
O  V  C  A  D  D  B  F  X  R  U  Í  A  V
P  C  B  N  Í  E  C  P  U  Y  I  Q  Y  D
I  R  J  A  B  S  O  R  Y  Q  P  T  A  S
N  X  T  L  I  C  M  D  T  E  M  A  M  P
I  A  R  O  O  R  P  R  I  M  A  X  Z  O
Ó  N  A  G  G  I  A  G  H  Á  J  V  B  E
N  Á  G  Í  R  P  R  N  R  X  L  V  J  M
P  L  E  A  A  C  A  N  É  C  D  O  T  A
A  I  D  U  F  I  C  C  I  Ó  N  A  G  A
U  S  I  T  Í  Ó  I  N  O  V  E  L  A  O
L  I  A  O  A  N  Ó  T  E  S  T  I  L  O
H  S  S  R  C  O  N  C  L  U  S  I  Ó  N
N  H  Í  W  M  E  T  Á  F  O  R  A  B  I
D  L  H  N  A  R  R  A  D  O  R  Í  Í  O
```

ANALOGÍA	FICCIÓN
ANÁLISIS	METÁFORA
ANÉCDOTA	NARRADOR
AUTOR	OPINIÓN
BIOGRAFÍA	POEMA
COMPARACIÓN	RIMA
CONCLUSIÓN	RITMO
DESCRIPCIÓN	NOVELA
DIÁLOGO	TEMA
ESTILO	TRAGEDIA

91 - Clima

```
V K I T X C B C Í T R O P O
J H H Í F L R I D E F R W A
D V Í U B I I E I M Í H R H
A I F J R M S L B P O L A R
S E Q U Í A A O U E M S M U
T N H W T T C P T R U E N O
O T I T O M U Á G A M N I T
R O E X R Ó Q V N T F Z E R
N A L B M S Í B G U N N B O
A U O F E F G N N R B Z L P
D R M H N E K E X A L E A I
O T E F T R J M O N Z Ó N C
S E C O A A R C O I R I S A
R A Y O F X O T Q V H O N L
```

ARCO IRIS
ATMÓSFERA
BRISA
CIELO
CLIMA
HURACÁN
HIELO
MONZÓN
NIEBLA
NUBE

POLAR
RAYO
SEQUÍA
SECO
TEMPERATURA
TORMENTA
TORNADO
TROPICAL
TRUENO
VIENTO

92 - Tecnologia

```
C  O  E  B  Y  T  E  S  G  V  N  I  O  C
V  N  E  I  H  J  S  E  T  I  A  M  R  T
F  Q  D  I  G  I  T  A  L  R  V  R  D  M
C  U  Í  H  G  T  A  P  N  U  E  F  E  E
V  U  E  B  D  L  D  A  U  S  G  A  N  N
A  D  R  N  A  L  Í  N  O  W  A  R  A  S
S  N  A  S  T  M  S  T  B  B  D  C  D  A
G  O  T  K  O  E  T  A  L  O  H  O  J
M  R  F  T  S  R  I  L  L  O  R  I  R  E
R  D  Q  T  I  O  C  L  R  G  B  V  J  P
C  W  V  L  W  Q  A  A  E  Y  I  O  N  M
Z  F  J  D  T  A  S  V  I  R  T  U  A  L
A  O  T  Z  F  J  R  C  Á  M  A  R  A  O
B  R  N  D  I  N  T  E  R  N  E  T  P  U
```

ARCHIVO
BLOG
BYTES
CÁMARA
ORDENADOR
CURSOR
DATOS
DIGITAL
ESTADÍSTICAS

FUENTE
INTERNET
MENSAJE
NAVEGADOR
SOFTWARE
PANTALLA
VIRTUAL
VIRUS

93 - Arte

```
O C R Q S E S C U L T U R A
R O E P E U Í Y S W F P D V
I M T I N F I G U R A O Z I
G P R N C S O C G J E E I S
I L A T I Y Í H R F L S Q U
N E T U L D T M U E F Í D A
A J A R L I I F B M A A H L
L O R A O P W E Y O O R O T
P E R S O N A L A R L R N E
F T V I N S P I R A D O E M
T C O M P O S I C I Ó N S A
E X P R E S I Ó N Y B L T Y
S U R R E A L I S M O G O X
C E R Á M I C A G O M T Y D
```

CERÁMICA
COMPLEJO
COMPOSICIÓN
CREAR
ESCULTURA
EXPRESIÓN
FIGURA
HONESTO
HUMOR
INSPIRADO

ORIGINAL
PERSONAL
PINTURAS
POESÍA
RETRATAR
SENCILLO
SÍMBOLO
TEMA
SURREALISMO
VISUAL

94 - Dinossauros

```
Y  I  H  M  Í  K  P  G  J  K  L  B  E  E
C  H  E  R  B  Í  V  O  R  O  T  D  T  S
R  A  P  T  O  R  Y  T  D  W  R  G  Q  P
F  Ó  S  I  L  E  S  T  I  E  R  R  A  E
C  A  R  N  Í  V  O  R  O  N  R  E  L  C
J  R  G  A  A  P  I  P  N  O  E  O  A  I
R  K  R  D  Í  D  R  K  O  R  V  I  S  E
E  T  A  M  A  Ñ  O  E  K  M  O  Í  M  O
O  M  N  Í  V  O  R  O  S  E  L  F  A  I
B  Í  D  S  Í  X  I  K  G  A  U  F  M  U
P  R  E  H  I  S  T  Ó  R  I  C  O  U  Í
V  I  C  I  O  S  O  H  R  O  I  O  T  T
D  E  S  A  P  A  R  I  C  I  Ó  N  L  L
D  Y  L  R  E  P  T  I  L  O  N  G  C  A
```

ALAS	MAMUT
CARNÍVORO	OMNÍVORO
COLA	PODEROSO
DESAPARICIÓN	PRESA
ENORME	PREHISTÓRICO
ESPECIE	RAPTOR
EVOLUCIÓN	REPTIL
FÓSILES	TAMAÑO
GRANDE	TIERRA
HERBÍVORO	VICIOSO

95 - Esportes

```
M B A L O N C E S T O B B G
H O I Q N P Í Í X Y S G É A
L F V C M Q A Z D X H I I N
A N Í I I L J S T N Í M S A
E T K M M C T Y O Í Q N B D
Q G L N L I L A H C V A O O
U I D E A Z E E Í W I S L R
I M K S T R Y N T P G I G Z
P N M T I A I Z T A T A O X
O A R A J U G A D O R R L A
V S A D U Á R B I T R O F J
M I I I E T E N I S A D M Í
Q O V O G C O F Í P Y L E X
J A K H O C K E Y V E F P J
```

ATLETA	GIMNASIO
ÁRBITRO	GIMNASIA
BALONCESTO	GOLF
BÉISBOL	HOCKEY
BICICLETA	JUGADOR
EQUIPO	JUEGO
ESTADIO	MOVIMIENTO
GANADOR	TENIS

96 - Comida # 2

```
K  A  N  Y  J  A  M  Ó  N  A  M  J  B  A
Í  I  D  A  O  Í  G  Q  C  R  A  A  E  L
C  R  W  K  T  G  E  R  H  R  N  L  R  M
P  A  N  I  Y  S  U  C  O  O  Z  C  E  E
B  M  Y  U  Q  N  S  R  C  Z  A  A  N  N
Q  R  C  E  R  E  Z  A  O  L  N  C  J  D
U  T  Ó  Z  H  F  M  Q  L  P  A  H  E  R
E  O  G  C  I  M  U  V  A  E  E  O  N  A
S  M  V  P  O  L  L  O  T  S  W  F  A  D
O  A  O  C  A  L  R  I  E  C  T  A  N  A
X  T  G  L  G  V  I  D  J  A  R  B  U  S
X  E  P  L  Á  T  A  N  O  D  I  A  H  E
C  F  S  Í  K  P  Í  B  F  O  G  H  Í  T
H  U  E  V  O  X  T  N  T  B  O  W  N  A
```

ALCACHOFA	YOGUR
ALMENDRA	KIWI
ARROZ	MANZANA
PLÁTANO	HUEVO
BERENJENA	PESCADO
BRÓCOLI	JAMÓN
CEREZA	QUESO
CHOCOLATE	TOMATE
SETA	TRIGO
POLLO	UVA

97 - Barcos

```
T  S  K  Í  L  I  N  O  C  É  A  N  O  U
R  M  A  R  E  A  Á  V  E  L  E  R  O  L
I  T  Y  A  T  E  U  L  C  U  E  R  D  A
P  R  A  M  A  R  T  N  E  O  V  O  Í  G
U  H  K  S  T  O  I  Z  O  V  C  A  E  O
L  A  I  F  Í  T  C  T  K  O  K  N  Y  L
A  M  Y  E  R  B  O  T  U  R  O  C  J  A
C  B  A  R  M  O  T  O  R  G  P  L  T  S
I  A  O  R  S  O  Í  L  L  F  H  A  T  X
Ó  L  Z  Y  I  N  L  I  T  D  O  G  S  A
N  S  N  C  A  N  O  A  W  X  B  C  Í  K
U  A  F  I  W  C  E  J  C  K  F  Y  P  L
K  M  Á  S  T  I  L  R  G  E  H  X  R  P
V  K  A  Y  K  J  T  G  O  R  S  Z  W  X
```

ANCLA	MAREA
FERRY	MARINERO
BOYA	MÁSTIL
KAYAK	MOTOR
CANOA	NÁUTICO
CUERDA	OCÉANO
YATE	OLAS
BALSA	RÍO
LAGO	TRIPULACIÓN
MAR	VELERO

98 - Piratas

```
T A N C L A M A L O D V A K
E V F I M Q R O N E U Z S Z
S E P O B S U C N V L N L P
O N Q W G F I É W E U A O H
R T L P B X S A E Q D G R U
O U E O B P L N P Z H A O C
C R Y O R E A O Q Q I C S I
T A E S Ú O S P L A Y A H C
F T N F J X T P T I K B P A
M C D C U E V A A E F L O T
L X A S L D V R T D G M P R
O L A C A P I T Á N A A I I
S X F P E L I G R O T P B Z
T R I P U L A C I Ó N A O I
```

AVENTURA
ANCLA
BRÚJULA
CAPITÁN
CUEVA
CICATRIZ
ESPADA
ISLA
LEYENDA
MAPA

MALO
MONEDAS
OCÉANO
ORO
LORO
PELIGRO
PLAYA
RON
TESORO
TRIPULACIÓN

99 - Mamíferos

```
G J N J Q Y A H O D Í M B U
X F I Z J Z G P I Z Z O C N
C B F R C A M E L L O N G A
Z A Z Q A G Z R S Q L O L B
S L Z X B F Z R C G A T O N
Q L H C A X A O O O X Q B Y
L E Ó N L K X V Y R N F O H
Y N G B L T A E O I C E N R
L A A T O R O J T L A C J A
D E L F Í N S A E A N A C O
E L E F A N T E Z B G S E L
C D L Í S Z O R R O U T B A
R N X E N O V T F O R O R Y
N E Í Y V D R O K F O R A R
```

BALLENA
CAMELLO
CANGURO
CASTOR
CABALLO
PERRO
CONEJO
COYOTE
ELEFANTE
GATO

JIRAFA
DELFÍN
GORILA
LEÓN
LOBO
MONO
OVEJA
ZORRO
TORO
CEBRA

100 - Atividades e Lazer

```
N  S  E  N  D  E  R  I  S  M  O  J  Y  T
A  V  U  K  L  J  C  S  E  V  I  A  J  E
T  F  Y  R  Z  Z  B  U  N  J  W  R  T  N
A  Q  I  K  F  C  M  J  R  G  F  D  N  I
C  N  G  C  A  M  P  I  N  G  Ú  I  G  S
I  R  B  É  I  S  B  O  L  B  T  N  B  V
Ó  O  E  T  G  O  L  F  H  U  B  E  O  O
N  A  R  L  Í  P  N  B  M  C  O  R  X  L
M  R  D  M  A  R  T  E  P  E  L  Í  E  E
A  F  A  E  H  J  Q  B  S  O  D  A  O  I
T  M  Í  H  Q  T  A  Í  N  W  C  Í  Q  B
Y  J  W  Z  R  P  I  N  T  U  R  A  H  O
B  A  L  O  N  C  E  S  T  O  Y  X  U  L
C  A  R  R  E  R  A  S  P  E  S  C  A  Z
```

CAMPING	JARDINERÍA
ARTE	BUCEO
BALONCESTO	NATACIÓN
BÉISBOL	PESCA
BOXEO	PINTURA
SENDERISMO	RELAJANTE
CARRERAS	SURF
FÚTBOL	TENIS
GOLF	VIAJE
AFICIONES	VOLEIBOL

1 - Dirigindo

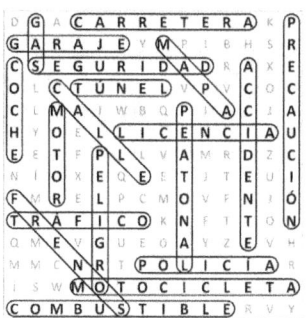

2 - Atividades

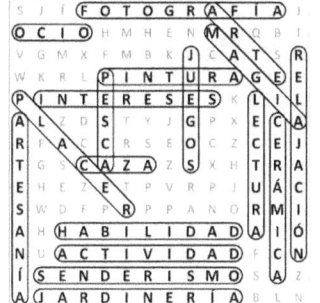

3 - Churrascos

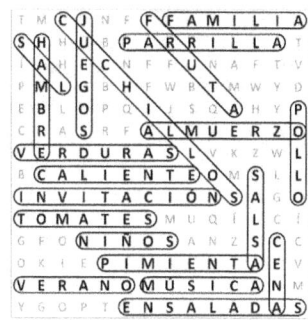

4 - Pesca

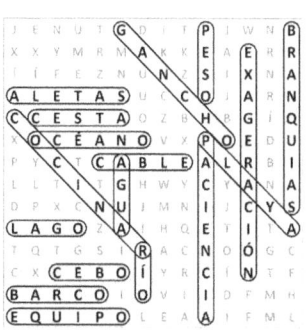

5 - Geologia

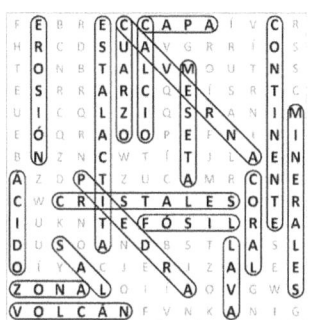

6 - Móveis

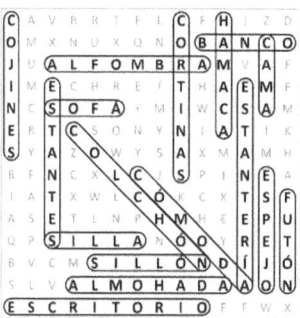

7 - Tempo

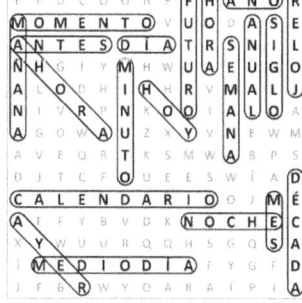

8 - Astronomia

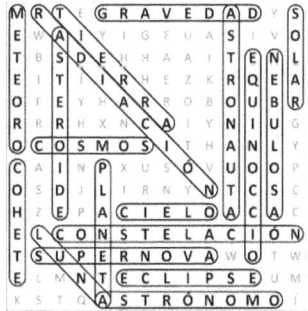

9 - Circo

10 - Acampamento

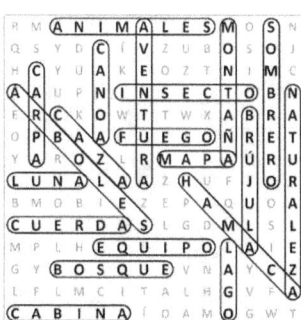

11 - Emoções

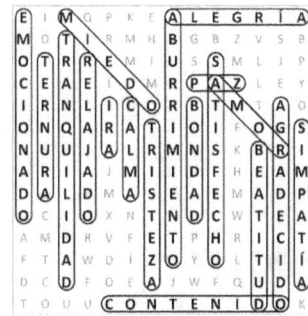

12 - Ficção Científica

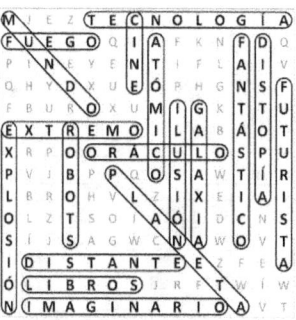

13 - Mitologia

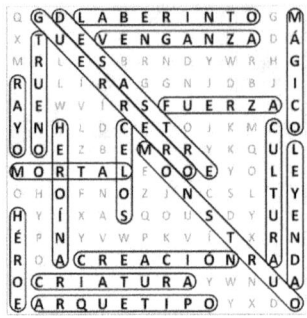

14 - Medições

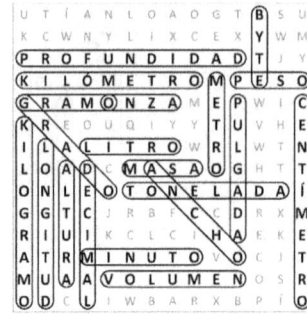

15 - Plantas

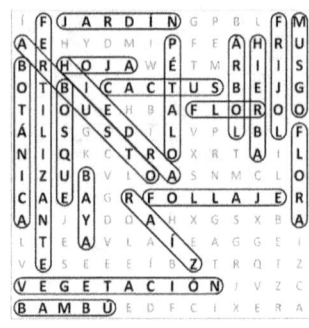

16 - Veículos

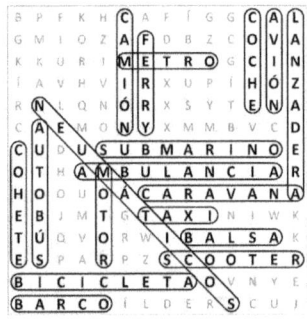

17 - Restaurante # 2

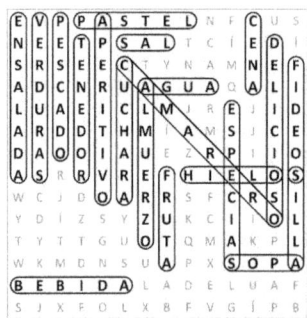

18 - Países #2

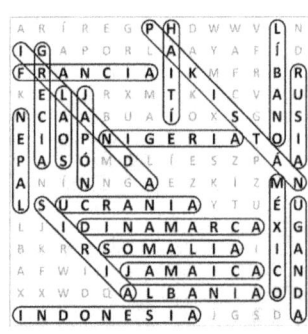

19 - Cozinha

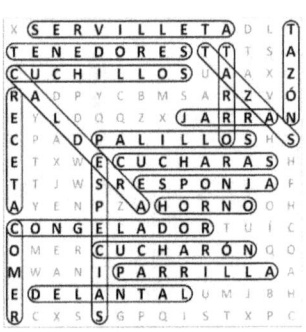

20 - Brinquedos

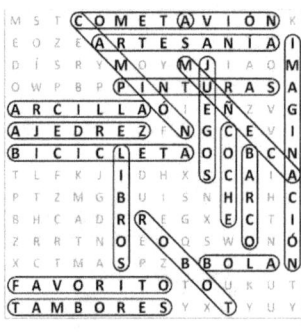

21 - Verão

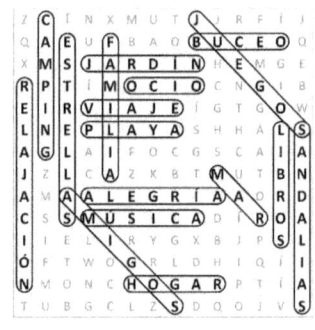

22 - Material de Arte

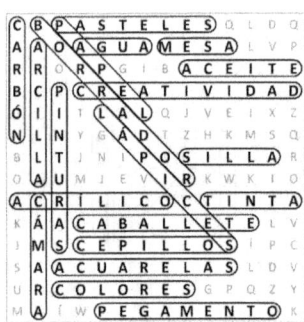

23 - Números

24 - Ferramentas

25 - Especiarias

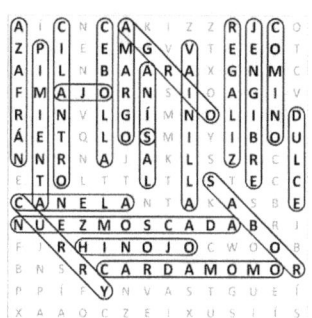

26 - Aniversário

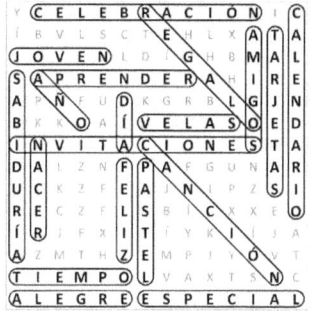

27 - Casa

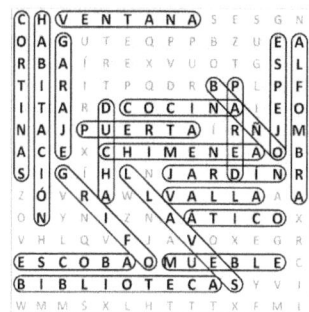

28 - Vegetais

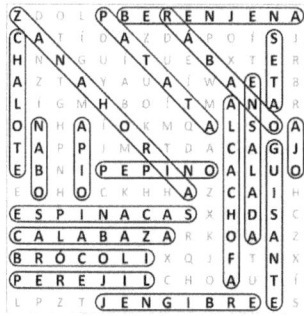

29 - Exploração

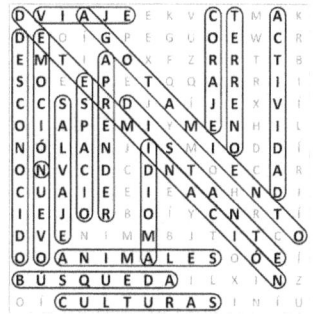

30 - Balé

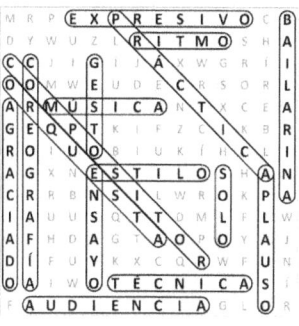

31 - Conservação

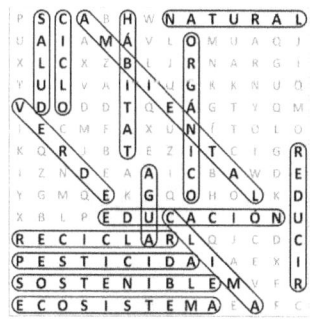

32 - Adjetivos #1

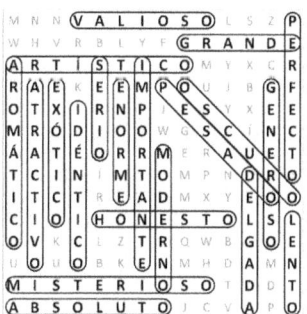

33 - Insetos

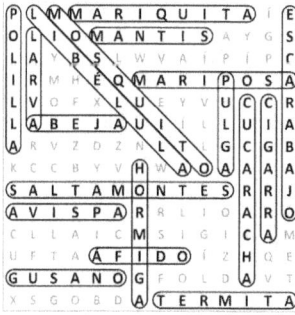

34 - Paisagens

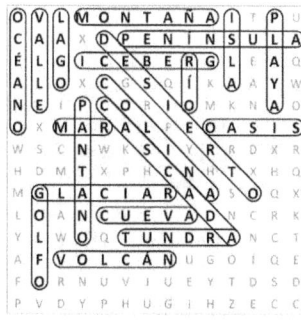

35 - Dança

36 - Nutrição

37 - Disciplinas Científicas

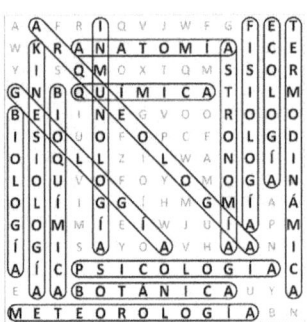

38 - Meditação

39 - Gatos

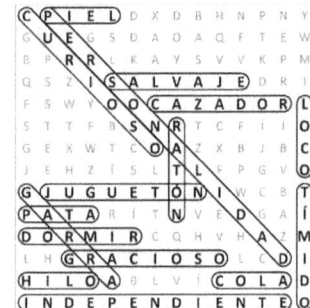

40 - Artes Visuais

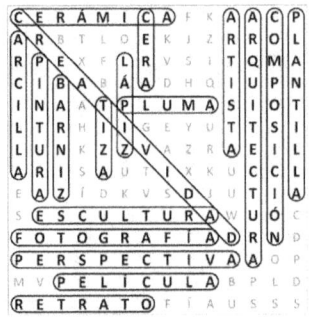

41 - Instrumentos Musicais

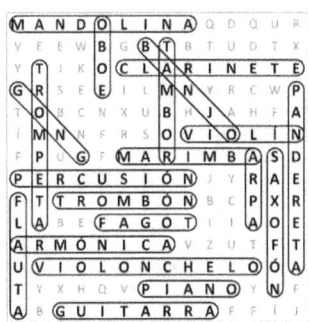

42 - Escola #1

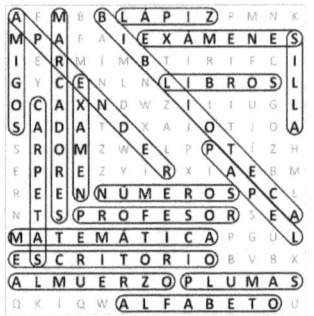

43 - Adjetivos #2

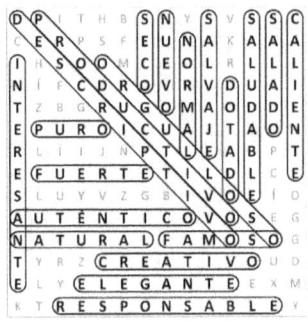

44 - Roupas

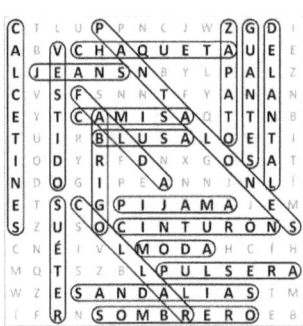

45 - Herbalismo

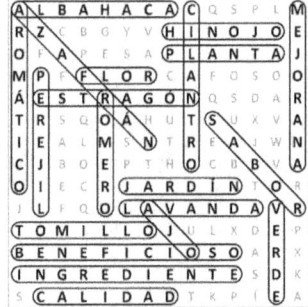

46 - Frutas

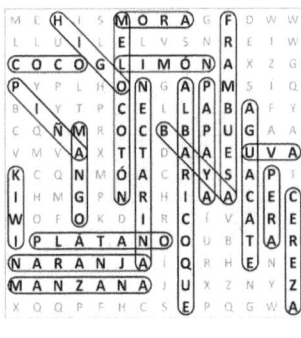

47 - Corpo Humano

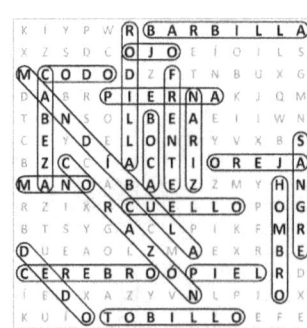

48 - Restaurante #1

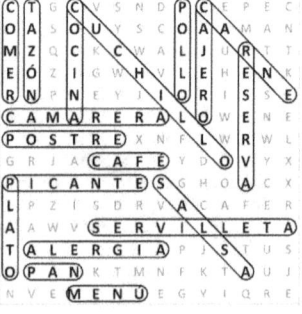

49 - Caminhada

50 - Água

51 - Ecologia

52 - Família

53 - Férias #2

54 - Edifícios

55 - Ferramentas de Cozinha

56 - Xadrez

57 - Aventura

58 - Floresta Tropical

59 - Cidade

60 - Matemática

61 - Natureza

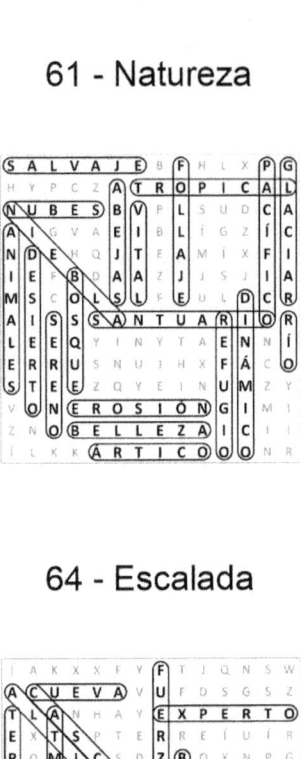

62 - Preencher

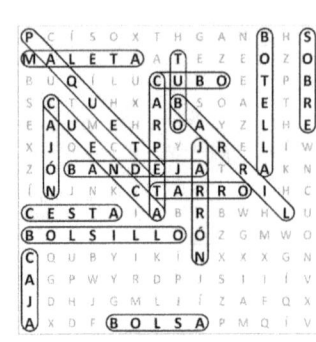

63 - Animais de Estimação

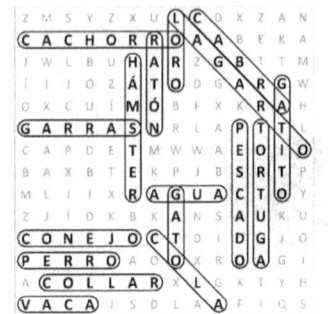

64 - Escalada

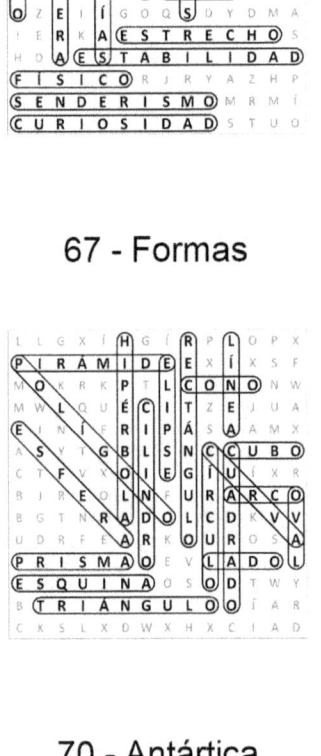

65 - Aviões

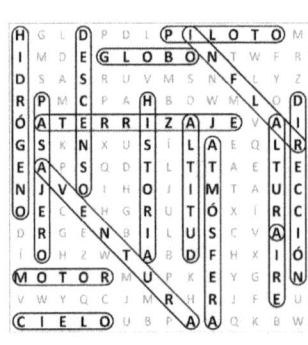

66 - Tipos de Cabelo

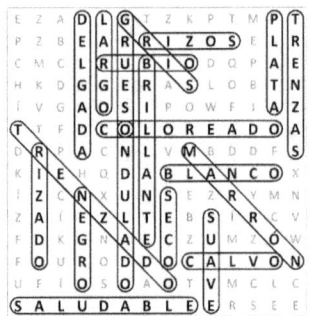

67 - Formas

68 - Dias e Meses

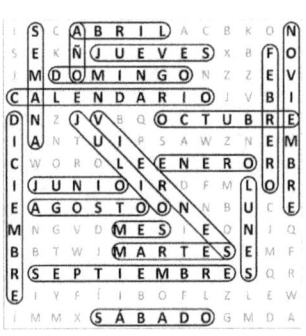

69 - Geografia

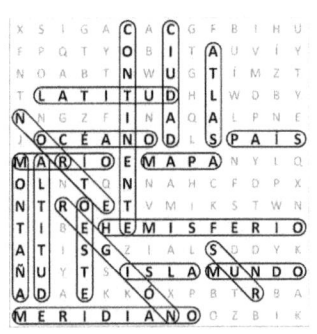

70 - Antártica

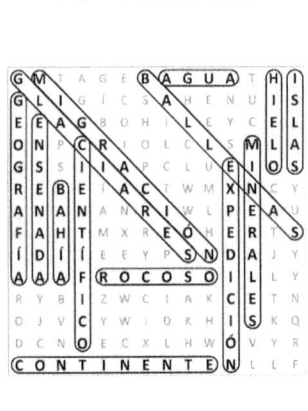

71 - Flores

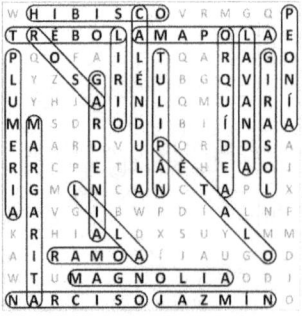

72 - Fazenda #1

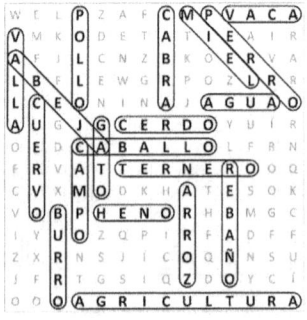

73 - Livros

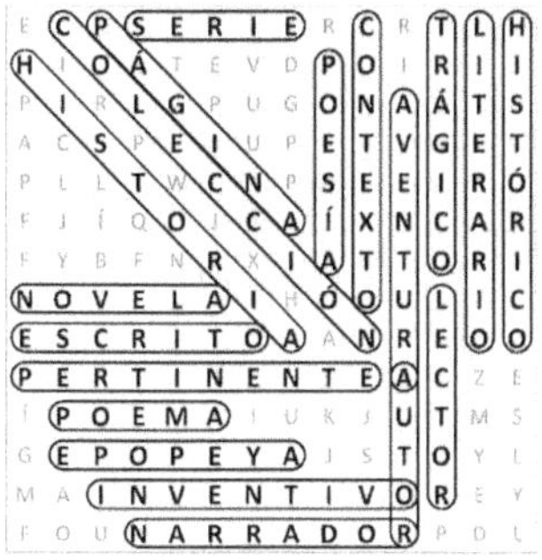

74 - Chocolate

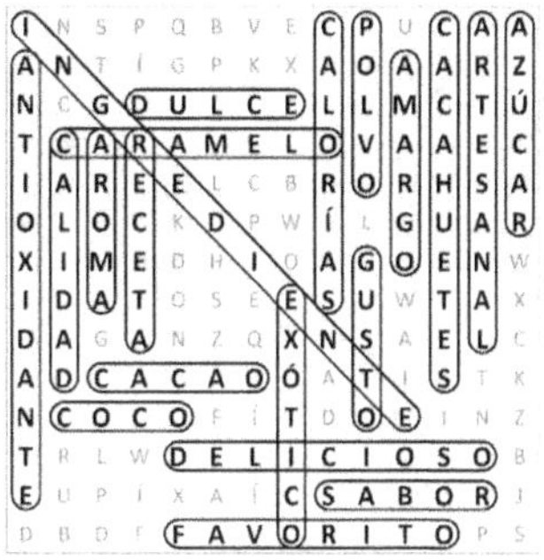

75 - Profissões #2

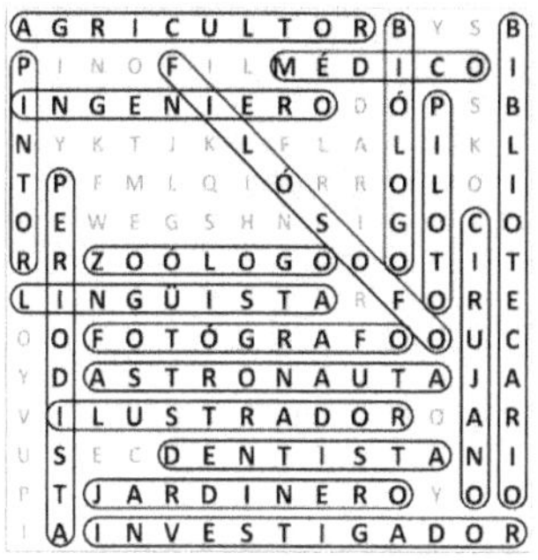

76 - Fazenda #2

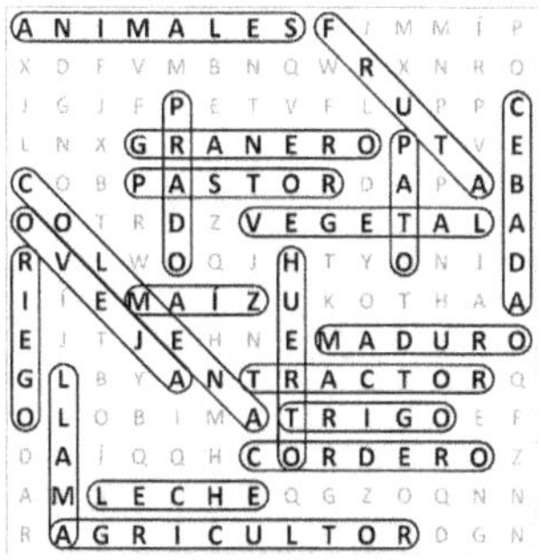

77 - Jardim

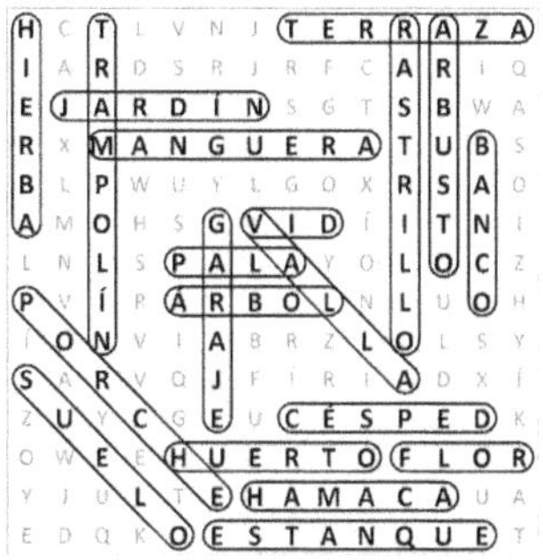

78 - Oceano

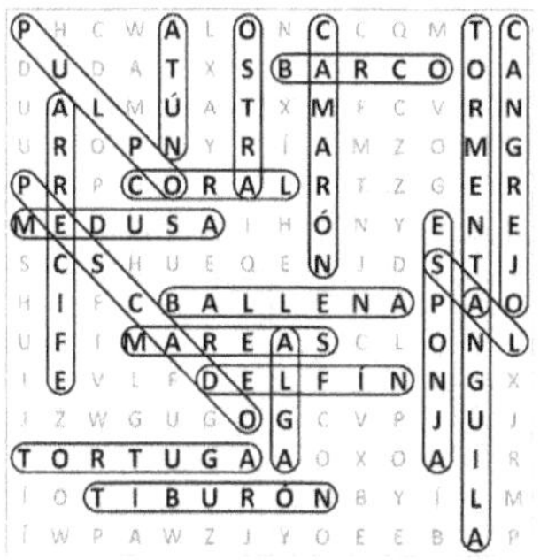

79 - Profissões #1

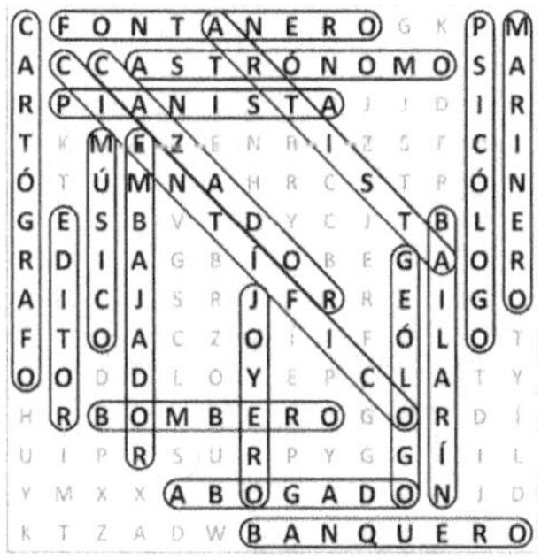

80 - Campeonato

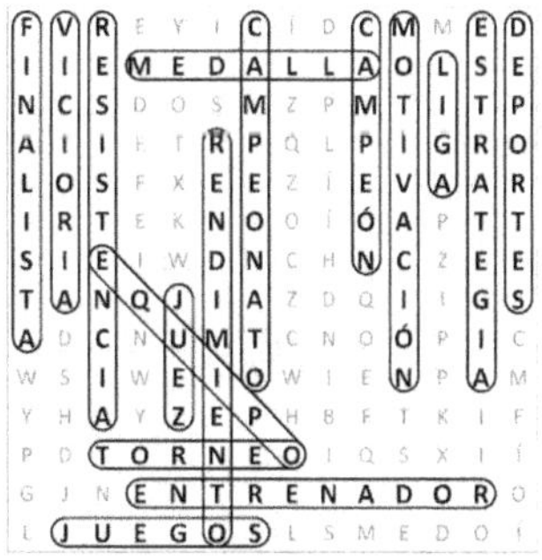

81 - Castelos

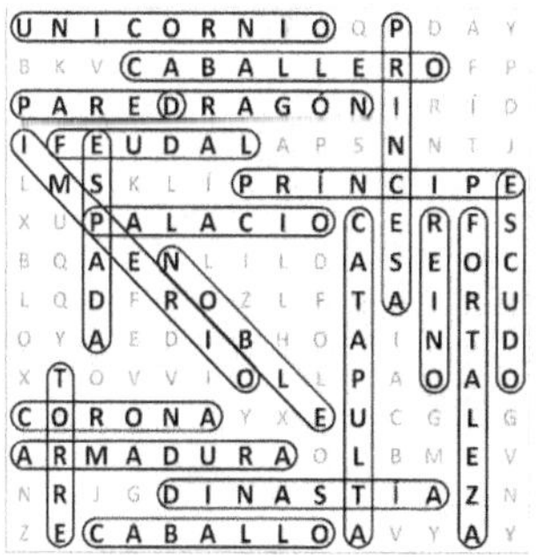

82 - Escola # 2

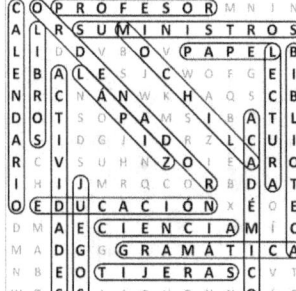

83 - Abelhas

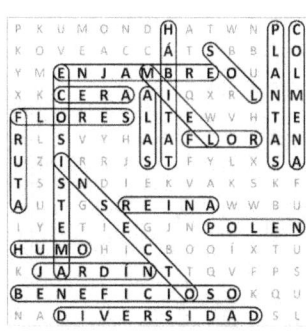

84 - Banheiro

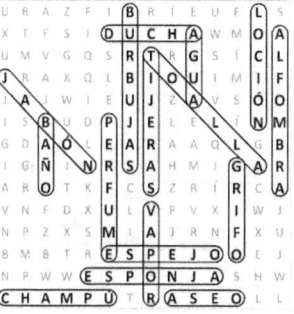

85 - Ciência

86 - Cores

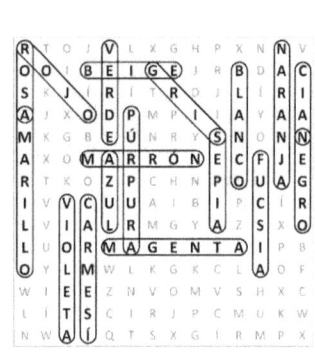

87 - Comida #1

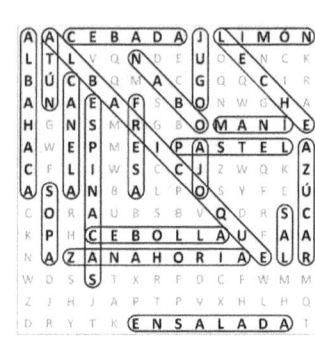

88 - Pássaros

89 - Virtudes #1

90 - Literatura

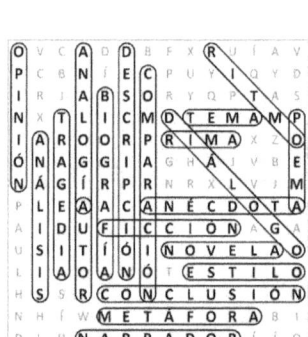

91 - Clima

92 - Tecnologia

93 - Arte

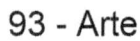

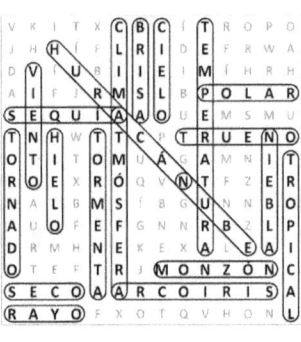

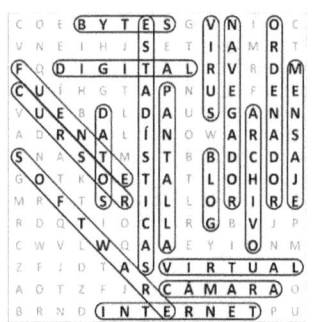

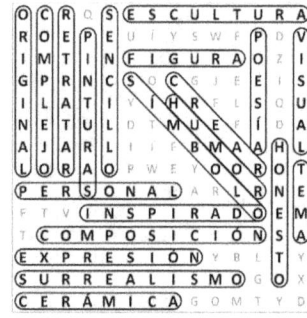

94 - Dinossauros

95 - Esportes

96 - Comida # 2

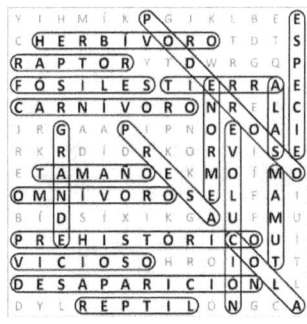

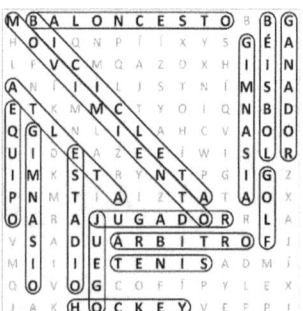

97 - Barcos

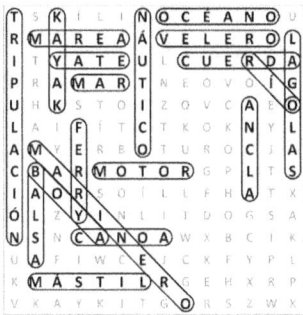

98 - Piratas

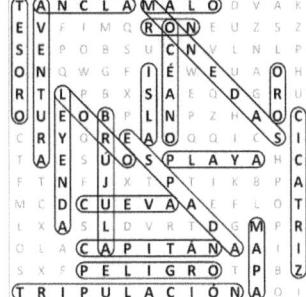

99 - Mamíferos

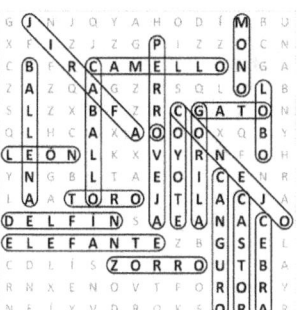

100 - Atividades e Lazer

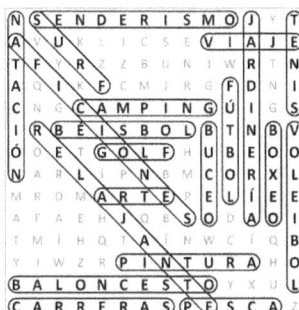

Dicionário

Abelhas
Abejas

Asas	Alas
Benéfico	Beneficioso
Cera	Cera
Colmeia	Colmena
Diversidade	Diversidad
Ecossistema	Ecosistema
Enxame	Enjambre
Flor	Flor
Flores	Flores
Fruta	Fruta
Fumaça	Humo
Habitat	Hábitat
Inseto	Insecto
Jardim	Jardín
Mel	Miel
Plantas	Plantas
Pólen	Polen
Rainha	Reina
Sol	Sol

Acampamento
Camping

Animais	Animales
Aventura	Aventura
Árvores	Árboles
Bússola	Brújula
Cabine	Cabina
Caça	Caza
Canoa	Canoa
Chapéu	Sombrero
Corda	Cuerda
Equipamento	Equipo
Floresta	Bosque
Fogo	Fuego
Inseto	Insecto
Lago	Lago
Lua	Luna
Maca	Hamaca
Mapa	Mapa
Montanha	Montaña
Natureza	Naturaleza
Tenda	Carpa

Adjetivos #1
Adjetivos #1

Absoluto	Absoluto
Aromático	Aromático
Artístico	Artístico
Atraente	Atractivo
Enorme	Enorme
Escuro	Oscuro
Exótico	Exótico
Fino	Delgada
Generoso	Generoso
Grande	Grande
Honesto	Honesto
Idêntico	Idéntico
Importante	Importante
Lento	Lento
Misterioso	Misterioso
Moderno	Moderno
Perfeito	Perfecto
Pesado	Pesado
Sério	Serio
Valioso	Valioso

Adjetivos #2
Adjetivos #2

Autêntico	Auténtico
Criativo	Creativo
Descritivo	Descriptivo
Dotado	Dotado
Elegante	Elegante
Famoso	Famoso
Forte	Fuerte
Interessante	Interesante
Natural	Natural
Normal	Normal
Novo	Nuevo
Orgulhoso	Orgulloso
Produtivo	Productivo
Puro	Puro
Quente	Caliente
Responsável	Responsable
Salgado	Salado
Saudável	Saludable
Seco	Seco
Selvagem	Salvaje

Animais de Estimação
Mascotas

Água	Agua
Cabra	Cabra
Cachorro	Cachorro
Cauda	Cola
Cão	Perro
Coelho	Conejo
Colarinho	Collar
Garras	Garras
Gatinho	Gatito
Gato	Gato
Hamster	Hámster
Lagarto	Lagarto
Mouse	Ratón
Papagaio	Loro
Peixe	Pescado
Tartaruga	Tortuga
Vaca	Vaca
Veterinário	Veterinario

Aniversário
Cumpleaños

Alegre	Alegre
Amigos	Amigos
Ano	Año
Aprender	Aprender
Bolo	Pastel
Calendário	Calendario
Canção	Canción
Cartões	Tarjetas
Celebração	Celebración
Convites	Invitaciones
Dia	Día
Dom	Regalo
Especial	Especial
Feliz	Feliz
Jovem	Joven
Nascer	Nacer
Sabedoria	Sabiduría
Tempo	Tiempo
Velas	Velas

Antártica
Antártida

Água	Agua
Baía	Bahía
Baleias	Ballenas
Científico	Científico
Conservação	Conservación
Continente	Continente
Enseada	Ensenada
Expedição	Expedición
Geleiras	Glaciares
Gelo	Hielo
Geografia	Geografía
Ilhas	Islas
Investigador	Investigador
Migração	Migración
Minerais	Minerales
Península	Península
Pinguins	Pingüinos
Rochoso	Rocoso
Temperatura	Temperatura
Topografia	Topografía

Arte
Arte

Cerâmica	Cerámica
Complexo	Complejo
Composição	Composición
Criar	Crear
Escultura	Escultura
Expressão	Expresión
Figura	Figura
Honesto	Honesto
Humor	Humor
Inspirado	Inspirado
Original	Original
Pessoal	Personal
Pinturas	Pinturas
Poesia	Poesía
Retratar	Retratar
Simples	Sencillo
Símbolo	Símbolo
Sujeito	Tema
Surrealismo	Surrealismo
Visual	Visual

Artes Visuais
Artes Visuales

Argila	Arcilla
Arquitetura	Arquitectura
Artista	Artista
Caneta	Pluma
Cavalete	Caballete
Cera	Cera
Cerâmica	Cerámica
Composição	Composición
Criatividade	Creatividad
Escultura	Escultura
Estêncil	Plantilla
Filme	Película
Fotografia	Fotografía
Giz	Tiza
Lápis	Lápiz
Obra-Prima	Obra Maestra
Perspectiva	Perspectiva
Pintura	Pintura
Retrato	Retrato
Verniz	Barniz

Astronomia
Astronomía

Asteróide	Asteroide
Astronauta	Astronauta
Astrônomo	Astrónomo
Céu	Cielo
Constelação	Constelación
Cosmos	Cosmos
Eclipse	Eclipse
Equinócio	Equinoccio
Foguete	Cohete
Gravidade	Gravedad
Lua	Luna
Meteoro	Meteoro
Nebulosa	Nebulosa
Observatório	Observatorio
Planeta	Planeta
Radiação	Radiación
Solar	Solar
Supernova	Supernova
Terra	Tierra
Universo	Universo

Atividades
Actividades

Arte	Arte
Artesanato	Artesanía
Atividade	Actividad
Caca	Caza
Caminhada	Senderismo
Cerâmica	Cerámica
Fotografia	Fotografía
Habilidade	Habilidad
Interesses	Intereses
Jardinagem	Jardinería
Jogos	Juegos
Lazer	Ocio
Lendo	Lectura
Magia	Magia
Pesca	Pesca
Pintura	Pintura
Prazer	Placer
Relaxamento	Relajación

Atividades e Lazer
Actividades y Ocio

Acampamento	Camping
Arte	Arte
Basquete	Baloncesto
Beisebol	Béisbol
Boxe	Boxeo
Caminhada	Senderismo
Corrida	Carreras
Futebol	Fútbol
Golfe	Golf
Hobbies	Aficiones
Jardinagem	Jardinería
Mergulho	Buceo
Natação	Natación
Pesca	Pesca
Pintura	Pintura
Relaxante	Relajante
Surfe	Surf
Tênis	Tenis
Viagem	Viaje
Voleibol	Voleibol

Aventura
Aventura

Alegria	Alegría
Amigos	Amigos
Atividade	Actividad
Beleza	Belleza
Bravura	Valentía
Chance	Oportunidad
Destino	Destino
Dificuldade	Dificultad
Entusiasmo	Entusiasmo
Excursão	Excursión
Incomum	Inusual
Itinerário	Itinerario
Natureza	Naturaleza
Navegação	Navegación
Novo	Nuevo
Perigoso	Peligroso
Preparação	Preparación
Segurança	Seguridad
Surpreendente	Sorprendente
Viagens	Viajes

Aviões
Aviones

Altitude	Altitud
Altura	Altura
Ar	Aire
Aterrissagem	Aterrizaje
Atmosfera	Atmósfera
Aventura	Aventura
Balão	Globo
Céu	Cielo
Combustível	Combustible
Construção	Construcción
Descida	Descenso
Direção	Dirección
Hidrogênio	Hidrógeno
História	Historia
Inflar	Inflar
Motor	Motor
Passageiro	Pasajero
Piloto	Piloto
Tripulação	Tripulación
Turbulência	Turbulencia

Água
Agua

Canal	Canal
Chuva	Lluvia
Chuveiro	Ducha
Evaporação	Evaporación
Furacão	Huracán
Geada	Helada
Gelo	Hielo
Geyser	Géiser
Inundação	Inundación
Irrigação	Riego
Lago	Lago
Monção	Monzón
Neve	Nieve
Oceano	Océano
Ondas	Olas
Potável	Potable
Rio	Río
Umidade	Humedad
Vapor	Vapor

Balé
Ballet

Aplauso	Aplauso
Artístico	Artístico
Bailarina	Bailarina
Compositor	Compositor
Coreografia	Coreografía
Dançarinos	Bailarines
Ensaio	Ensayo
Estilo	Estilo
Expressivo	Expresivo
Gesto	Gesto
Gracioso	Agraciado
Habilidade	Habilidad
Intensidade	Intensidad
Música	Música
Orquestra	Orquesta
Prática	Práctica
Público	Audiencia
Ritmo	Ritmo
Solo	Solo
Técnica	Técnica

Banheiro
Baño

Água	Agua
Banheiro	Aseo
Banho	Baño
Bolhas	Burbujas
Chuveiro	Ducha
Espelho	Espejo
Esponja	Esponja
Loção	Loción
Perfume	Perfume
Sabão	Jabón
Tapete	Alfombra
Tesoura	Tijeras
Toalha	Toalla
Torneira	Grifo
Vapor	Vapor
Xampu	Champú

Barcos
Barcos

Âncora	Ancla
Balsa	Ferry
Bóia	Boya
Caiaque	Kayak
Canoa	Canoa
Corda	Cuerda
Iate	Yate
Jangada	Balsa
Lago	Lago
Mar	Mar
Maré	Marea
Marinheiro	Marinero
Mastro	Mástil
Motor	Motor
Náutico	Náutico
Oceano	Océano
Ondas	Olas
Rio	Río
Tripulação	Tripulación
Veleiro	Velero

Brinquedos
Juguetes

Argila	Arcilla
Artesanato	Artesanía
Avião	Avión
Barco	Barco
Bateria	Tambores
Bicicleta	Bicicleta
Bola	Bola
Boneca	Muñeca
Caminhão	Camión
Carro	Coche
Favorito	Favorito
Imaginação	Imaginación
Jogos	Juegos
Livros	Libros
Pipa	Cometa
Robô	Robot
Tintas	Pinturas
Xadrez	Ajedrez

Caminhada
Senderismo

Acampamento	Camping
Animais	Animales
Água	Agua
Botas	Botas
Cansado	Cansado
Clima	Clima
Cume	Cumbre
Guias	Guías
Mapa	Mapa
Montanha	Montaña
Mosquitos	Mosquitos
Natureza	Naturaleza
Orientação	Orientación
Parques	Parques
Pedras	Piedras
Penhasco	Acantilado
Pesado	Pesado
Preparação	Preparación
Selvagem	Salvaje
Sol	Sol

Campeonato
Campeonato

Campeão	Campeón
Campeonato	Campeonato
Desempenho	Rendimiento
Equipe	Equipo
Esportes	Deportes
Estratégia	Estrategia
Finalista	Finalista
Jogos	Juegos
Juiz	Juez
Liga	Liga
Medalha	Medalla
Motivação	Motivación
Resistência	Resistencia
Torneio	Torneo
Treinador	Entrenador
Vitória	Victoria

Casa
Casa

Banheiro	Baño
Biblioteca	Biblioteca
Cerca	Valla
Chaves	Llaves
Chuveiro	Ducha
Cortinas	Cortinas
Cozinha	Cocina
Espelho	Espejo
Garagem	Garaje
Janela	Ventana
Jardim	Jardín
Lareira	Chimenea
Mobiliário	Mueble
Parede	Pared
Porta	Puerta
Quarto	Habitación
Sótão	Ático
Tapete	Alfombra
Torneira	Grifo
Vassoura	Escoba

Castelos
Castillos

Armadura	Armadura
Catapulta	Catapulta
Cavaleiro	Caballero
Cavalo	Caballo
Coroa	Corona
Dinastia	Dinastía
Dragão	Dragón
Escudo	Escudo
Espada	Espada
Feudal	Feudal
Fortaleza	Fortaleza
Império	Imperio
Nobre	Noble
Palácio	Palacio
Parede	Pared
Princesa	Princesa
Príncipe	Príncipe
Reino	Reino
Torre	Torre
Unicórnio	Unicornio

Chocolate
Chocolate

Açúcar	Azúcar
Amargo	Amargo
Amendoins	Cacahuetes
Antioxidante	Antioxidante
Aroma	Aroma
Artesanal	Artesanal
Cacau	Cacao
Calorias	Calorías
Caramelo	Caramelo
Coco	Coco
Delicioso	Delicioso
Doce	Dulce
Exótico	Exótico
Favorito	Favorito
Gosto	Gusto
Ingrediente	Ingrediente
Pó	Polvo
Qualidade	Calidad
Receita	Receta
Sabor	Sabor

Churrascos
Barbacoas

Almoço	Almuerzo
Convite	Invitación
Crianças	Niños
Facas	Cuchillos
Família	Familia
Fome	Hambre
Frango	Pollo
Fruta	Fruta
Grelha	Parrilla
Jantar	Cena
Jogos	Juegos
Legumes	Verduras
Molho	Salsa
Música	Música
Pimenta	Pimienta
Quente	Caliente
Sal	Sal
Saladas	Ensaladas
Tomates	Tomates
Verão	Verano

Cidade
Ciudad

Aeroporto	Aeropuerto
Banco	Banco
Biblioteca	Biblioteca
Cinema	Cine
Escola	Escuela
Estádio	Estadio
Farmácia	Farmacia
Florista	Florista
Galeria	Galería
Hotel	Hotel
Jardim Zoológico	Zoo
Livraria	Librería
Mercado	Mercado
Museu	Museo
Padaria	Panadería
Restaurante	Restaurante
Salão	Salón
Supermercado	Supermercado
Teatro	Teatro
Universidade	Universidad

Ciência
Ciencia

Átomo	Átomo
Cientista	Científico
Clima	Clima
Dados	Datos
Evolução	Evolución
Fato	Hecho
Física	Física
Fóssil	Fósil
Gravidade	Gravedad
Hipótese	Hipótesis
Laboratório	Laboratorio
Método	Método
Minerais	Minerales
Moléculas	Moléculas
Natureza	Naturaleza
Observação	Observación
Organismo	Organismo
Partículas	Partículas
Plantas	Plantas
Químico	Químico

Circo
Circo

Acrobata	Acróbata
Animais	Animales
Balões	Globos
Bilhete	Billete
Desfile	Desfile
Doce	Caramelo
Elefante	Elefante
Espectador	Espectador
Espetacular	Espectacular
Leão	León
Macaco	Mono
Magia	Magia
Malabarista	Malabarista
Mágico	Mago
Música	Música
Palhaço	Payaso
Tenda	Carpa
Tigre	Tigre
Traje	Traje
Truque	Truco

Clima
Clima

Arco-Íris	Arco Iris
Atmosfera	Atmósfera
Brisa	Brisa
Céu	Cielo
Clima	Clima
Furacão	Huracán
Gelo	Hielo
Monção	Monzón
Nevoeiro	Niebla
Nuvem	Nube
Polar	Polar
Relâmpago	Rayo
Seca	Sequía
Seco	Seco
Temperatura	Temperatura
Tempestade	Tormenta
Tornado	Tornado
Tropical	Tropical
Trovão	Trueno
Vento	Viento

Comida # 2
Comida #2

Alcachofra	Alcachofa
Amêndoa	Almendra
Arroz	Arroz
Banana	Plátano
Beringela	Berenjena
Brócolis	Brócoli
Cereja	Cereza
Chocolate	Chocolate
Cogumelo	Seta
Frango	Pollo
Iogurte	Yogur
Kiwi	Kiwi
Maçã	Manzana
Ovo	Huevo
Peixe	Pescado
Presunto	Jamón
Queijo	Queso
Tomate	Tomate
Trigo	Trigo
Uva	Uva

Comida #1
Comida #1

Açúcar	Azúcar
Alho	Ajo
Amendoim	Maní
Atum	Atún
Bolo	Pastel
Canela	Canela
Cebola	Cebolla
Cenoura	Zanahoria
Cevada	Cebada
Damasco	Albaricoque
Espinafre	Espinacas
Leite	Leche
Limão	Limón
Manjericão	Albahaca
Morango	Fresa
Nabo	Nabo
Sal	Sal
Salada	Ensalada
Sopa	Sopa
Suco	Jugo

Conservação
Conservación

Ambiental	Ambiental
Água	Agua
Ciclo	Ciclo
Clima	Clima
Ecossistema	Ecosistema
Educação	Educación
Habitat	Hábitat
Natural	Natural
Orgânico	Orgánico
Pesticida	Pesticida
Poluição	Contaminación
Reciclar	Reciclar
Reduzir	Reducir
Saúde	Salud
Sustentável	Sostenible
Verde	Verde
Voluntário	Voluntario

Cores
Colores

Amarelo	Amarillo
Azul	Azul
Bege	Beige
Branco	Blanco
Carmesim	Carmesí
Ciano	Cian
Cinza	Gris
Fuchsia	Fucsia
Laranja	Naranja
Magenta	Magenta
Marrom	Marrón
Preto	Negro
Rosa	Rosa
Roxo	Púrpura
Sépia	Sepia
Verde	Verde
Vermelho	Rojo
Violeta	Violeta

Corpo Humano
Cuerpo Humano

Boca	Boca
Cabeça	Cabeza
Cérebro	Cerebro
Coração	Corazón
Cotovelo	Codo
Dedo	Dedo
Joelho	Rodilla
Mandíbula	Mandíbula
Mão	Mano
Nariz	Nariz
Olho	Ojo
Ombro	Hombro
Orelha	Oreja
Pele	Piel
Perna	Pierna
Pescoço	Cuello
Queixo	Barbilla
Sangue	Sangre
Testa	Frente
Tornozelo	Tobillo

Cozinha
Cocina

Avental	Delantal
Chaleira	Caldera
Colheres	Cucharas
Comer	Comer
Concha	Cucharón
Cups	Tazas
Especiarias	Especias
Esponja	Esponja
Facas	Cuchillos
Forno	Horno
Freezer	Congelador
Garfos	Tenedores
Geladeira	Refrigerador
Grelha	Parrilla
Guardanapo	Servilleta
Jar	Tarro
Jarro	Jarra
Pauzinhos	Palillos
Receita	Receta
Tigela	Tazón

Dança
Baile

Academia	Academia
Alegre	Alegre
Arte	Arte
Clássico	Clásico
Coreografia	Coreografía
Corpo	Cuerpo
Cultura	Cultura
Cultural	Cultural
Emoção	Emoción
Ensaio	Ensayo
Expressivo	Expresivo
Graça	Gracia
Movimento	Movimiento
Música	Música
Parceiro	Socio
Postura	Postura
Ritmo	Ritmo
Saltar	Saltar
Tradicional	Tradicional
Visual	Visual

Dias e Meses
Días y Meses

Abril	Abril
Agosto	Agosto
Ano	Año
Calendário	Calendario
Dezembro	Diciembre
Domingo	Domingo
Fevereiro	Febrero
Janeiro	Enero
Julho	Julio
Junho	Junio
Mês	Mes
Novembro	Noviembre
Outubro	Octubre
Quinta-Feira	Jueves
Sábado	Sábado
Segunda-Feira	Lunes
Semana	Semana
Setembro	Septiembre
Sexta-Feira	Viernes
Terça	Martes

Dinossauros
Dinosaurios

Asas	Alas
Carnívoro	Carnívoro
Cauda	Cola
Desaparecimento	Desaparición
Enorme	Enorme
Espécies	Especie
Evolução	Evolución
Fósseis	Fósiles
Grande	Grande
Herbívoro	Herbívoro
Mamute	Mamut
Onívoro	Omnívoro
Poderoso	Poderoso
Presa	Presa
Pré-Histórico	Prehistórico
Raptor	Raptor
Réptil	Reptil
Tamanho	Tamaño
Terra	Tierra
Vicioso	Vicioso

Dirigindo
Conduciendo

Acidente	Accidente
Carro	Coche
Combustível	Combustible
Cuidado	Precaución
Estrada	Carretera
Freios	Frenos
Garagem	Garaje
Gás	Gas
Licença	Licencia
Mapa	Mapa
Motocicleta	Motocicleta
Motor	Motor
Pedestre	Peatonal
Perigo	Peligro
Polícia	Policía
Rua	Calle
Segurança	Seguridad
Transporte	Transporte
Tráfego	Tráfico
Túnel	Túnel

Disciplinas Científicas
Disciplinas Científicas

Anatomia	Anatomía
Arqueologia	Arqueología
Astronomia	Astronomía
Biologia	Biología
Bioquímica	Bioquímica
Botânica	Botánica
Cinesiologia	Kinesiología
Ecologia	Ecología
Fisiologia	Fisiología
Geologia	Geología
Imunologia	Inmunología
Linguística	Lingüística
Meteorologia	Meteorología
Mineralogia	Mineralogía
Neurologia	Neurología
Psicologia	Psicología
Química	Química
Sociologia	Sociología
Termodinâmica	Termodinámica
Zoologia	Zoología

Ecologia
Ecología

Clima	Clima
Comunidades	Comunidades
Diversidade	Diversidad
Fauna	Fauna
Flora	Flora
Global	Global
Habitat	Hábitat
Marinho	Marino
Montanhas	Montañas
Natural	Natural
Natureza	Naturaleza
Pântano	Pantano
Plantas	Plantas
Recursos	Recursos
Seca	Sequía
Sobrevivência	Supervivencia
Sustentável	Sostenible
Variedade	Variedad
Vegetação	Vegetación
Voluntários	Voluntarios

Edifícios
Edificios

Apartamento	Apartamento
Castelo	Castillo
Celeiro	Granero
Cinema	Cine
Embaixada	Embajada
Escola	Escuela
Estádio	Estadio
Fazenda	Granja
Fábrica	Fábrica
Garagem	Garaje
Hospital	Hospital
Hotel	Hotel
Laboratório	Laboratorio
Museu	Museo
Observatório	Observatorio
Supermercado	Supermercado
Teatro	Teatro
Tenda	Carpa
Torre	Torre
Universidade	Universidad

Emoções
Emociones

Alegria	Alegría
Amor	Amor
Animado	Emocionado
Bem-Aventurança	Beatitud
Bondade	Bondad
Calmo	Calma
Conteúdo	Contenido
Envergonhado	Avergonzado
Grato	Agradecido
Medo	Miedo
Paz	Paz
Raiva	Ira
Relaxado	Relajado
Satisfeito	Satisfecho
Simpatia	Simpatía
Ternura	Ternura
Tédio	Aburrimiento
Tranquilidade	Tranquilidad
Tristeza	Tristeza

Escalada
Escalada

Altitude	Altitud
Atmosfera	Atmósfera
Botas	Botas
Caminhada	Senderismo
Capacete	Casco
Caverna	Cueva
Curiosidade	Curiosidad
Especialista	Experto
Estabilidade	Estabilidad
Estreito	Estrecho
Físico	Físico
Força	Fuerza
Guias	Guías
Luvas	Guantes
Mapa	Mapa
Terreno	Terreno

Escola # 2
Escuela #2

Acadêmico	Académico
Atividades	Actividades
Biblioteca	Biblioteca
Calendário	Calendario
Ciência	Ciencia
Computador	Ordenador
Dicionário	Diccionario
Educação	Educación
Gramática	Gramática
Jogos	Juegos
Lápis	Lápiz
Leitura	Lectura
Literatura	Literatura
Livros	Libros
Matemática	Matemática
Mochila	Mochila
Papel	Papel
Professor	Profesor
Suprimentos	Suministros
Tesoura	Tijeras

Escola #1
Escuela #1

Alfabeto	Alfabeto
Almoço	Almuerzo
Amigos	Amigos
Aprender	Aprender
Biblioteca	Biblioteca
Cadeira	Silla
Canetas	Plumas
Exames	Exámenes
Lápis	Lápiz
Livros	Libros
Marcadores	Marcadores
Matemática	Matemática
Mesa	Escritorio
Números	Números
Papel	Papel
Pastas	Carpetas
Professor	Profesor
Questionário	Examen
Respostas	Respuestas

Especiarias
Especias

Açafrão	Azafrán
Alcaçuz	Regaliz
Alho	Ajo
Amargo	Amargo
Anis	Anís
Azedo	Agrio
Baunilha	Vainilla
Canela	Canela
Cardamomo	Cardamomo
Caril	Curry
Cebola	Cebolla
Coentro	Cilantro
Cominho	Comino
Doce	Dulce
Funcho	Hinojo
Gengibre	Jengibre
Noz-Moscada	Nuez Moscada
Pimenta	Pimienta
Sabor	Sabor
Sal	Sal

Esportes
Deportes

Atleta	Atleta
Árbitro	Árbitro
Basquete	Baloncesto
Beisebol	Béisbol
Bicicleta	Bicicleta
Campeonato	Campeonato
Equipe	Equipo
Estádio	Estadio
Ganhador	Ganador
Ginásio	Gimnasio
Ginástica	Gimnasia
Golfe	Golf
Hóquei	Hockey
Jogador	Jugador
Jogo	Juego
Movimento	Movimiento
Tênis	Tenis
Treinador	Entrenador

Exploração
Exploración

Animais	Animales
Aprender	Aprender
Atividade	Actividad
Busca	Búsqueda
Coragem	Coraje
Culturas	Culturas
Desconhecido	Desconocido
Determinação	Determinación
Distante	Distante
Espaço	Espacio
Exaustão	Agotamiento
Excitação	Emoción
Língua	Idioma
Novo	Nuevo
Selvagem	Salvaje
Terreno	Terreno
Viagem	Viaje

Família
Familia

Antepassado	Antepasado
Avó	Abuela
Criança	Niño
Crianças	Niños
Esposa	Esposa
Filha	Hija
Infância	Infancia
Irmã	Hermana
Irmão	Hermano
Marido	Marido
Materno	Materno
Mãe	Madre
Neto	Nieto
Pai	Padre
Paterno	Paterno
Primo	Primo
Sobrinha	Sobrina
Sobrinho	Sobrino
Tia	Tía
Tio	Tío

Fazenda #1
Granja #1

Abelha	Abeja
Agricultura	Agricultura
Arroz	Arroz
Água	Agua
Bezerro	Ternero
Burro	Burro
Cabra	Cabra
Campo	Campo
Cavalo	Caballo
Cão	Perro
Cerca	Valla
Corvo	Cuervo
Feno	Heno
Fertilizante	Fertilizante
Frango	Pollo
Gato	Gato
Mel	Miel
Porco	Cerdo
Rebanho	Rebaño
Vaca	Vaca

Fazenda #2
Granja #2

Agricultor	Agricultor
Animais	Animales
Celeiro	Granero
Cevada	Cebada
Colmeia	Colmena
Cordeiro	Cordero
Fruta	Fruta
Irrigação	Riego
Leite	Leche
Lhama	Llama
Maduro	Maduro
Milho	Maíz
Ovelha	Oveja
Pastor	Pastor
Pato	Pato
Pomar	Huerto
Prado	Prado
Trator	Tractor
Trigo	Trigo
Vegetal	Vegetal

Ferramentas
Herramientas

Alicate	Alicates
Cabo	Cable
Cola	Pegamento
Corda	Cuerda
Escada	Escalera
Faca	Cuchillo
Grampeador	Grapadora
Grampo	Grapa
Machado	Hacha
Malho	Mazo
Martelo	Martillo
Navalha	Navaja
Parafuso	Tornillo
Pá	Pala
Roda	Rueda
Tesoura	Tijeras
Tocha	Antorcha

Ferramentas de Cozinha
Herramientas de Cocina

Chaleira	Caldera
Coador	Colador
Colher	Cuchara
Espátula	Espátula
Espremedor	Exprimidor
Faca	Cuchillo
Fogão	Estufa
Forno	Horno
Garfo	Tenedor
Geladeira	Refrigerador
Liquidificador	Batidora
Ralador	Rallador
Talheres	Cubertería
Tampa	Tapa
Termômetro	Termómetro
Tesoura	Tijeras
Torradeira	Tostadora

Férias #2
Vacaciones #2

Aeroporto	Aeropuerto
Destino	Destino
Estrangeiro	Extranjero
Feriado	Vacaciones
Fotos	Fotos
Hotel	Hotel
Ilha	Isla
Lazer	Ocio
Mapa	Mapa
Mar	Mar
Montanhas	Montañas
Passaporte	Pasaporte
Praia	Playa
Reservas	Reservas
Restaurante	Restaurante
Táxi	Taxi
Tenda	Carpa
Transporte	Transporte
Viagem	Viaje
Visto	Visa

Ficção Científica
Ciencia Ficción

Atómico	Atómico
Cinema	Cine
Distante	Distante
Distopia	Distopía
Explosão	Explosión
Extremo	Extremo
Fantástico	Fantástico
Fogo	Fuego
Futurista	Futurista
Galáxia	Galaxia
Ilusão	Ilusión
Imaginário	Imaginario
Livros	Libros
Misterioso	Misterioso
Mundo	Mundo
Oráculo	Oráculo
Planeta	Planeta
Robôs	Robots
Tecnologia	Tecnología
Utopia	Utopía

Flores
Flores

Buquê	Ramo
Calêndula	Caléndula
Gardênia	Gardenia
Girassol	Girasol
Hibisco	Hibisco
Jasmim	Jazmín
Lavanda	Lavanda
Lilás	Lila
Lírio	Lirio
Magnólia	Magnolia
Margarida	Margarita
Narciso	Narciso
Orquídea	Orquídea
Papoula	Amapola
Peônia	Peonía
Pétala	Pétalo
Plumeria	Plumeria
Rosa	Rosa
Trevo	Trébol
Tulipa	Tulipán

Floresta Tropical
Selva Tropical

Anfíbios	Anfibios
Botânico	Botánico
Clima	Clima
Comunidade	Comunidad
Diversidade	Diversidad
Espécies	Especie
Indígena	Indígena
Insetos	Insectos
Mamíferos	Mamíferos
Musgo	Musgo
Natureza	Naturaleza
Nuvens	Nubes
Pássaros	Pájaros
Preservação	Preservación
Refúgio	Refugio
Respeito	Respeto
Restauração	Restauración
Selva	Selva
Sobrevivência	Supervivencia
Valioso	Valioso

Formas
Formas

Arco	Arco
Canto	Esquina
Cilindro	Cilindro
Círculo	Círculo
Cone	Cono
Cubo	Cubo
Curva	Curva
Elipse	Elipse
Esfera	Esfera
Hipérbole	Hipérbola
Lado	Lado
Linha	Línea
Oval	Oval
Pirâmide	Pirámide
Polígono	Polígono
Prisma	Prisma
Quadrado	Cuadrado
Retângulo	Rectángulo
Triângulo	Triángulo

Frutas
Fruta

Abacate	Aguacate
Abacaxi	Piña
Amora	Mora
Baga	Baya
Banana	Plátano
Cereja	Cereza
Coco	Coco
Damasco	Albaricoque
Figo	Higo
Framboesa	Frambuesa
Kiwi	Kiwi
Laranja	Naranja
Limão	Limón
Maçã	Manzana
Mamão	Papaya
Manga	Mango
Nectarina	Nectarina
Pera	Pera
Pêssego	Melocotón
Uva	Uva

Gatos
Gatos

Brincalhão	Juguetón
Caçador	Cazador
Cauda	Cola
Curioso	Curioso
Dormir	Dormir
Engraçado	Gracioso
Fio	Hilo
Garra	Garra
Independente	Independiente
Louco	Loco
Mouse	Ratón
Pata	Pata
Pele	Piel
Personalidade	Personalidad
Selvagem	Salvaje
Tímido	Tímido

Geografia
Geografía

Altitude	Altitud
Atlas	Atlas
Cidade	Ciudad
Continente	Continente
Hemisfério	Hemisferio
Ilha	Isla
Latitude	Latitud
Mapa	Mapa
Mar	Mar
Meridiano	Meridiano
Montanha	Montaña
Mundo	Mundo
Norte	Norte
Oceano	Océano
Oeste	Oeste
País	País
Região	Región
Rio	Río
Sul	Sur
Território	Territorio

Geologia
Geología

Ácido	Ácido
Camada	Capa
Caverna	Caverna
Cálcio	Calcio
Continente	Continente
Coral	Coral
Cristais	Cristales
Erosão	Erosión
Estalactite	Estalactita
Estalagmites	Estalagmitas
Fóssil	Fósil
Lava	Lava
Minerais	Minerales
Pedra	Piedra
Platô	Meseta
Quartzo	Cuarzo
Sal	Sal
Terremoto	Terremoto
Vulcão	Volcán
Zona	Zona

Herbalismo
Herboristería

Açafrão	Azafrán
Alecrim	Romero
Alho	Ajo
Aromático	Aromático
Benéfico	Beneficioso
Coentro	Cilantro
Estragão	Estragón
Flor	Flor
Funcho	Hinojo
Ingrediente	Ingrediente
Jardim	Jardín
Lavanda	Lavanda
Manjericão	Albahaca
Manjerona	Mejorana
Planta	Planta
Qualidade	Calidad
Sabor	Sabor
Salsa	Perejil
Tomilho	Tomillo
Verde	Verde

Insetos
Insectos

Abelha	Abeja
Barata	Cucaracha
Besouro	Escarabajo
Borboleta	Mariposa
Cigarra	Cigarra
Cupim	Termita
Formiga	Hormiga
Gafanhoto	Saltamontes
Joaninha	Mariquita
Larva	Larva
Libélula	Libélula
Louva-A-Deus	Mantis
Mariposa	Polilla
Minhoca	Gusano
Mosquito	Mosquito
Pulga	Pulga
Pulgão	Áfido
Vespa	Avispa

Instrumentos Musicais
Instrumentos Musicales

Bandolim	Mandolina
Banjo	Banjo
Clarinete	Clarinete
Fagote	Fagot
Flauta	Flauta
Gaita	Armónica
Gongo	Gong
Harpa	Arpa
Marimba	Marimba
Oboé	Oboe
Pandeiro	Pandereta
Percussão	Percusión
Piano	Piano
Saxofone	Saxofón
Tambor	Tambor
Trombone	Trombón
Trompete	Trompeta
Violão	Guitarra
Violino	Violín
Violoncelo	Violonchelo

Jardim
Jardín

Ancinho	Rastrillo
Arbusto	Arbusto
Árvore	Árbol
Banco	Banco
Cerca	Valla
Flor	Flor
Garagem	Garaje
Grama	Hierba
Gramado	Césped
Jardim	Jardín
Lagoa	Estanque
Maca	Hamaca
Mangueira	Manguera
Pá	Pala
Pomar	Huerto
Solo	Suelo
Terraço	Terraza
Trampolim	Trampolín
Varanda	Porche
Videira	Vid

Literatura
Literatura

Analogia	Analogía
Análise	Análisis
Anedota	Anécdota
Autor	Autor
Biografia	Biografía
Comparação	Comparación
Conclusão	Conclusión
Descrição	Descripción
Diálogo	Diálogo
Estilo	Estilo
Ficção	Ficción
Metáfora	Metáfora
Narrador	Narrador
Opinião	Opinión
Poema	Poema
Rima	Rima
Ritmo	Ritmo
Romance	Novela
Tema	Tema
Tragédia	Tragedia

Livros
Libros

Autor	Autor
Aventura	Aventura
Coleção	Colección
Contexto	Contexto
Dualidade	Dualidad
Escrito	Escrito
Épico	Epopeya
História	Historia
Histórico	Histórico
Inventivo	Inventivo
Leitor	Lector
Literário	Literario
Narrador	Narrador
Página	Página
Poema	Poema
Poesia	Poesía
Relevante	Pertinente
Romance	Novela
Série	Serie
Trágico	Trágico

Mamíferos
Mamíferos

Baleia	Ballena
Camelo	Camello
Canguru	Canguro
Castor	Castor
Cavalo	Caballo
Cão	Perro
Coelho	Conejo
Coiote	Coyote
Elefante	Elefante
Gato	Gato
Girafa	Jirafa
Golfinho	Delfín
Gorila	Gorila
Leão	León
Lobo	Lobo
Macaco	Mono
Ovelha	Oveja
Raposa	Zorro
Touro	Toro
Zebra	Cebra

Matemática
Matemáticas

Aritmética	Aritmética
Ângulos	Ángulos
Decimal	Decimal
Diâmetro	Diámetro
Equação	Ecuación
Expoente	Exponente
Fração	Fracción
Geometria	Geometría
Paralelo	Paralelo
Paralelogramo	Paralelogramo
Perímetro	Perímetro
Perpendicular	Perpendicular
Polígono	Polígono
Quadrado	Cuadrado
Raio	Radio
Retângulo	Rectángulo
Simetria	Simetría
Soma	Suma
Triângulo	Triángulo
Volume	Volumen

Material de Arte
Suministros de Arte

Acrílico	Acrílico
Apagador	Borrador
Aquarelas	Acuarelas
Argila	Arcilla
Água	Agua
Cadeira	Silla
Carvão	Carbón
Cavalete	Caballete
Câmera	Cámara
Cola	Pegamento
Cores	Colores
Criatividade	Creatividad
Escovas	Cepillos
Lápis	Lápices
Mesa	Mesa
Óleo	Aceite
Papel	Papel
Pastels	Pasteles
Tinta	Tinta
Tintas	Pinturas

Medições
Mediciones

Altura	Altura
Byte	Byte
Centímetro	Centímetro
Comprimento	Longitud
Decimal	Decimal
Grama	Gramo
Grau	Grado
Largura	Ancho
Litro	Litro
Massa	Masa
Metro	Metro
Minuto	Minuto
Onça	Onza
Peso	Peso
Polegada	Pulgada
Profundidade	Profundidad
Quilograma	Kilogramo
Quilômetro	Kilómetro
Tonelada	Tonelada
Volume	Volumen

Meditação
Meditación

Aceitação	Aceptación
Acordado	Despierto
Atenção	Atención
Bondade	Bondad
Clareza	Claridad
Compaixão	Compasión
Emoções	Emociones
Ensinamentos	Enseñanzas
Gratidão	Gratitud
Mental	Mental
Mente	Mente
Movimento	Movimiento
Música	Música
Natureza	Naturaleza
Observação	Observación
Paz	Paz
Pensamentos	Pensamientos
Perspectiva	Perspectiva
Postura	Postura
Silêncio	Silencio

Mitologia
Mitología

Arquétipo	Arquetipo
Ciúmes	Celos
Criação	Creación
Criatura	Criatura
Cultura	Cultura
Desastre	Desastre
Força	Fuerza
Guerreiro	Guerrero
Heroína	Heroína
Herói	Héroe
Imortalidade	Inmortalidad
Labirinto	Laberinto
Lenda	Leyenda
Mágico	Mágico
Monstro	Monstruo
Mortal	Mortal
Relâmpago	Rayo
Triunfante	Triunfante
Trovão	Trueno
Vingança	Venganza

Móveis
Mueble

Almofada	Almohada
Almofadas	Cojines
Banco	Banco
Cadeira	Silla
Cama	Cama
Colchão	Colchón
Cortinas	Cortinas
Cômoda	Cómoda
Espelho	Espejo
Estante	Estantería
Futon	Futón
Maca	Hamaca
Mesa	Escritorio
Poltrona	Sillón
Prateleiras	Estantes
Sofá	Sofá
Tapete	Alfombra

Natureza
Naturaleza

Abelhas	Abejas
Abrigo	Refugio
Animais	Animales
Ártico	Ártico
Beleza	Belleza
Deserto	Desierto
Dinâmico	Dinámico
Erosão	Erosión
Floresta	Bosque
Folhagem	Follaje
Geleira	Glaciar
Nevoeiro	Niebla
Nuvens	Nubes
Pacífico	Pacífico
Rio	Río
Santuário	Santuario
Selvagem	Salvaje
Sereno	Sereno
Tropical	Tropical
Vital	Vital

Nutrição
Nutrición

Amargo	Amargo
Apetite	Apetito
Calorias	Calorías
Carboidratos	Carbohidratos
Comestível	Comestible
Dieta	Dieta
Digestão	Digestión
Equilibrado	Equilibrado
Fermentação	Fermentación
Líquidos	Líquidos
Molho	Salsa
Nutriente	Nutriente
Peso	Peso
Proteínas	Proteínas
Qualidade	Calidad
Sabor	Sabor
Saudável	Saludable
Saúde	Salud
Toxina	Toxina
Vitamina	Vitamina

Números
Números

Cinco	Cinco
Decimal	Decimal
Dez	Diez
Dezesseis	Dieciséis
Dezessete	Diecisiete
Dezoito	Dieciocho
Dois	Dos
Doze	Doce
Nove	Nueve
Oito	Ocho
Quatorze	Catorce
Quatro	Cuatro
Quinze	Quince
Seis	Seis
Sete	Siete
Treze	Trece
Três	Tres
Um	Uno
Vinte	Veinte
Zero	Cero

Oceano
Océano

Alga	Alga
Atum	Atún
Baleia	Ballena
Barco	Barco
Camarão	Camarón
Caranguejo	Cangrejo
Coral	Coral
Enguia	Anguila
Esponja	Esponja
Golfinho	Delfín
Marés	Mareas
Medusa	Medusa
Ostra	Ostra
Peixe	Pescado
Polvo	Pulpo
Recife	Arrecife
Sal	Sal
Tartaruga	Tortuga
Tempestade	Tormenta
Tubarão	Tiburón

Paisagens
Paisajes

Cascata	Cascada
Caverna	Cueva
Colina	Colina
Deserto	Desierto
Geleira	Glaciar
Golfo	Golfo
Iceberg	Iceberg
Ilha	Isla
Lago	Lago
Mar	Mar
Montanha	Montaña
Oásis	Oasis
Oceano	Océano
Pântano	Pantano
Península	Península
Praia	Playa
Rio	Río
Tundra	Tundra
Vale	Valle
Vulcão	Volcán

Países #2
Países #2

Albânia	Albania
Dinamarca	Dinamarca
França	Francia
Grécia	Grecia
Haiti	Haití
Indonésia	Indonesia
Irlanda	Irlanda
Jamaica	Jamaica
Japão	Japón
Laos	Laos
Líbano	Líbano
México	México
Nepal	Nepal
Nigéria	Nigeria
Paquistão	Pakistán
Rússia	Rusia
Síria	Siria
Somália	Somalia
Ucrânia	Ucrania
Uganda	Uganda

Pássaros
Pájaros

Avestruz	Avestruz
Águia	Águila
Cegonha	Cigüeña
Cisne	Cisne
Corvo	Cuervo
Cuco	Cuco
Flamingo	Flamenco
Frango	Pollo
Gaivota	Gaviota
Ganso	Ganso
Garça	Garza
Ovo	Huevo
Papagaio	Loro
Pardal	Gorrión
Pato	Pato
Pavão	Pavo Real
Pelicano	Pelícano
Pinguim	Pingüino
Pombo	Paloma
Tucano	Tucán

Pesca
Pesca

Água	Agua
Barbatanas	Aletas
Barco	Barco
Brânquias	Branquias
Cesta	Cesta
Cozinhar	Cocinar
Equipamento	Equipo
Exagero	Exageración
Fio	Cable
Gancho	Gancho
Isca	Cebo
Lago	Lago
Mandíbula	Mandíbula
Oceano	Océano
Paciência	Paciencia
Peso	Peso
Praia	Playa
Rio	Río
Temporada	Temporada

Piratas
Piratas

Aventura	Aventura
Âncora	Ancla
Bússola	Brújula
Capitão	Capitán
Caverna	Cueva
Cicatriz	Cicatriz
Espada	Espada
Ilha	Isla
Lenda	Leyenda
Mapa	Mapa
Mau	Malo
Moedas	Monedas
Oceano	Océano
Ouro	Oro
Papagaio	Loro
Perigo	Peligro
Praia	Playa
Rum	Ron
Tesouro	Tesoro
Tripulação	Tripulación

Plantas
Plantas

Arbusto	Arbusto
Árvore	Árbol
Baga	Baya
Bambu	Bambú
Botânica	Botánica
Cacto	Cactus
Erva	Hierba
Feijão	Frijol
Fertilizante	Fertilizante
Flor	Flor
Flora	Flora
Floresta	Bosque
Folha	Hoja
Folhagem	Follaje
Hera	Hiedra
Jardim	Jardín
Musgo	Musgo
Pétala	Pétalo
Raiz	Raíz
Vegetação	Vegetación

Preencher
Rellenar

Bacia	Cuenca
Balde	Cubo
Bandeja	Bandeja
Barril	Barril
Bolso	Bolsillo
Caixa	Caja
Cesta	Cesta
Envelope	Sobre
Garrafa	Botella
Gaveta	Cajón
Jar	Tarro
Mala	Maleta
Pacote	Paquete
Pasta	Carpeta
Saco	Bolsa
Tubo	Tubo
Vaso	Jarrón

Profissões #1
Profesiones #1

Advogado	Abogado
Artista	Artista
Astrônomo	Astrónomo
Banqueiro	Banquero
Bombeiro	Bombero
Caçador	Cazador
Cartógrafo	Cartógrafo
Cientista	Científico
Dançarino	Bailarín
Editor	Editor
Embaixador	Embajador
Encanador	Fontanero
Enfermeira	Enfermera
Geólogo	Geólogo
Joalheiro	Joyero
Marinheiro	Marinero
Músico	Músico
Pianista	Pianista
Psicólogo	Psicólogo
Veterinário	Veterinario

Profissões #2
Profesiones #2

Agricultor	Agricultor
Astronauta	Astronauta
Bibliotecário	Bibliotecario
Biólogo	Biólogo
Cirurgião	Cirujano
Dentista	Dentista
Engenheiro	Ingeniero
Filósofo	Filósofo
Fotógrafo	Fotógrafo
Ilustrador	Ilustrador
Inventor	Inventor
Investigador	Investigador
Jardineiro	Jardinero
Jornalista	Periodista
Linguista	Lingüista
Médico	Médico
Piloto	Piloto
Pintor	Pintor
Professor	Profesor
Zoólogo	Zoólogo

Restaurante # 2
Restaurante #2

Almoço	Almuerzo
Aperitivo	Aperitivo
Água	Agua
Bebida	Bebida
Bolo	Pastel
Cadeira	Silla
Colher	Cuchara
Delicioso	Delicioso
Especiarias	Especias
Fruta	Fruta
Garçom	Camarero
Garfo	Tenedor
Gelo	Hielo
Jantar	Cena
Legumes	Verduras
Macarrão	Fideos
Peixe	Pescado
Sal	Sal
Salada	Ensalada
Sopa	Sopa

Restaurante #1
Restaurante #1

Alergia	Alergia
Café	Café
Caixa	Cajero
Carne	Carne
Comer	Comer
Cozinha	Cocina
Faca	Cuchillo
Frango	Pollo
Garçonete	Camarera
Guardanapo	Servilleta
Ingredientes	Ingredientes
Menu	Menú
Molho	Salsa
Pão	Pan
Picante	Picante
Placa	Plato
Reserva	Reserva
Sobremesa	Postre
Tigela	Tazón

Roupas
Ropa

Avental	Delantal
Blusa	Blusa
Calça	Pantalones
Camisa	Camisa
Casaco	Abrigo
Chapéu	Sombrero
Cinto	Cinturón
Colar	Collar
Jaqueta	Chaqueta
Jeans	Jeans
Luvas	Guantes
Meias	Calcetines
Moda	Moda
Pijama	Pijama
Pulseira	Pulsera
Saia	Falda
Sandálias	Sandalias
Sapato	Zapato
Suéter	Suéter
Vestido	Vestido

Tecnologia
Tecnología

Arquivo	Archivo
Blog	Blog
Bytes	Bytes
Câmera	Cámara
Computador	Ordenador
Cursor	Cursor
Dados	Datos
Digital	Digital
Estatísticas	Estadísticas
Fonte	Fuente
Internet	Internet
Mensagem	Mensaje
Navegador	Navegador
Pesquisa	Investigación
Segurança	Seguridad
Software	Software
Tela	Pantalla
Virtual	Virtual
Vírus	Virus

Tempo
Tiempo

Agora	Ahora
Ano	Año
Antes	Antes
Anual	Anual
Calendário	Calendario
Década	Década
Dia	Día
Futuro	Futuro
Hoje	Hoy
Hora	Hora
Manhã	Mañana
Meio-Dia	Mediodía
Mês	Mes
Minuto	Minuto
Momento	Momento
Noite	Noche
Ontem	Ayer
Relógio	Reloj
Semana	Semana
Século	Siglo

Tipos de Cabelo
Tipos de Cabello

Branco	Blanco
Brilhante	Brillante
Cachos	Rizos
Careca	Calvo
Cinza	Gris
Colori	Coloreado
Encaracolado	Rizado
Fino	Delgada
Grosso	Grueso
Loiro	Rubio
Longo	Largo
Marrom	Marrón
Ondulado	Ondulado
Prata	Plata
Preto	Negro
Saudável	Saludable
Seco	Seco
Suave	Suave
Trançado	Trenzado
Tranças	Trenzas

Vegetais
Verduras

Abóbora	Calabaza
Aipo	Apio
Alcachofra	Alcachofa
Alho	Ajo
Batata	Patata
Beringela	Berenjena
Brócolis	Brócoli
Cebola	Cebolla
Cenoura	Zanahoria
Chalota	Chalote
Cogumelo	Seta
Ervilha	Guisante
Espinafre	Espinacas
Gengibre	Jengibre
Nabo	Nabo
Pepino	Pepino
Rabanete	Rábano
Salada	Ensalada
Salsa	Perejil
Tomate	Tomate

Veículos
Vehículos

Ambulância	Ambulancia
Avião	Avión
Balsa	Ferry
Barco	Barco
Bicicleta	Bicicleta
Caminhão	Camión
Caravana	Caravana
Carro	Coche
Foguete	Cohete
Helicóptero	Helicóptero
Jangada	Balsa
Lambreta	Scooter
Metrô	Metro
Motor	Motor
Ônibus	Autobús
Pneus	Neumáticos
Submarino	Submarino
Táxi	Taxi
Transporte	Lanzadera
Trator	Tractor

Verão
Verano

Acampamento	Camping
Alegria	Alegría
Amigos	Amigos
Casa	Hogar
Estrelas	Estrellas
Família	Familia
Jardim	Jardín
Jogos	Juegos
Lazer	Ocio
Livros	Libros
Mar	Mar
Mergulho	Buceo
Música	Música
Praia	Playa
Relaxamento	Relajación
Sandálias	Sandalias
Viagem	Viaje

Virtudes #1
Virtudes #1

Apaixonado	Apasionado
Artístico	Artístico
Bom	Bien
Curioso	Curioso
Decisivo	Decisivo
Eficiente	Eficiente
Encantador	Encantador
Engraçado	Gracioso
Generoso	Generoso
Imaginativo	Imaginativo
Independente	Independiente
Inteligente	Inteligente
Limpo	Limpio
Modesto	Modesto
Paciente	Paciente
Prático	Práctico
Sábio	Sabio
Útil	Útil

Xadrez
Ajedrez

Aprender	Aprender
Branco	Blanco
Campeão	Campeón
Concurso	Concurso
Diagonal	Diagonal
Estratégia	Estrategia
Jogador	Jugador
Jogo	Juego
Oponente	Oponente
Passivo	Pasivo
Pontos	Puntos
Preto	Negro
Rainha	Reina
Regras	Reglas
Rei	Rey
Sacrifício	Sacrificio
Tempo	Tiempo
Torneio	Torneo

Parabéns

Conseguiu!

Esperamos que tenha gostado tanto deste livro como nós gostamos de o desenhar. Esforçamo-nos por criar livros da mais alta qualidade possível.
Esta edição foi concebida para proporcionar uma aprendizagem inteligente, de qualidade e divertida!

Gostou deste livro?

Um simples pedido

Estes livros existem graças às críticas que publica.
Pode ajudar-nos, deixando agora uma revisão?

Aqui está um pequeno link para
a sua página de revisão:

BestBooksActivity.com/Avaliacoes50

DESAFIO FINAL!

Desafio n° 1

Está pronto para o seu jogo grátis? Usamo-los a toda a hora, mas não são tão fáceis de encontrar - aqui estão os **Sinônimos!**
Escreva 5 palavras que encontrou nos puzzles (n° 21, n° 36, n° 76) e tente encontrar 2 sinónimos para cada palavra.

Escreva 5 palavras de *Puzzle 21*

Palavras	Sinônimo 1	Sinônimo 2

Escreva 5 palavras de *Puzzle 36*

Palavras	Sinônimo 1	Sinônimo 2

Escreva 5 palavras de *Puzzle 76*

Palavras	Sinônimo 1	Sinônimo 2

Desafio nº 2

Agora que já aqueceu, escreva 5 palavras que encontrou nos Puzzles (nº 9, nº 17 e nº 25) e tente encontrar 2 antônimos para cada palavra. Quantos se podem encontrar em 20 minutos?

Escreva 5 palavras de *Puzzle 9*

Palavras	Antônimo 1	Antônimo 2

Escreva 5 palavras de *Puzzle 17*

Palavras	Antônimo 1	Antônimo 2

Escreva 5 palavras de *Puzzle 25*

Palavras	Antônimo 1	Antônimo 2

Desafio n° 3

Óptimo! Este desafio final não é nada para si.

Pronto para o desafio final? Escolha 10 palavras que tenha descoberto nos diferentes puzzles e escreva-as abaixo.

1.	6.
2.	7.
3.	8.
4.	9.
5.	10.

Agora escreva um texto a pensar numa pessoa, num animal ou num lugar de seu agrado.

Pode utilizar a última página deste livro como um rascunho.

A Sua Composição:

CADERNO DE NOTAS:

ATÉ BREVE!

A equipa Inteira

DESCUBRA JOGOS GRATUITOS

GO

↓

BESTACTIVITYBOOKS.COM/FREEGAMES

www.ingramcontent.com/pod-product-compliance
Lightning Source LLC
Chambersburg PA
CBHW082212120626
46553CB00010B/3115